ASUKA CULTURE

CD BOOK

音声ダウンロード付

ベトナム語が 1週間で

いとも簡単に

話せる

ようになる

本

あなたもこれで
話せる！

欧米・アジア語学セ

明日香出版社

はじめに

Xin chào.（こんにちは）

　本書は「ベトナムのことをもっと知りたい」「ベトナムの人たちとコミュニケーションを取れるようになりたい」という初心者のための本です。
　7日間に渡り、ベトナム語の文字、発音、基本の言葉、基本構文（肯定文、否定文、疑問文）など、ベトナム語の基本を学習していきましょう。

　本書では1日目の「基本の言葉」、2〜7日目の会話フレーズ、および付録（基本単語）にそれぞれカタカナ読みをつけていますので、初心者の方もベトナム語の読み方を理解できるようになります。

　また、日本語フレーズ、付録（基本単語）の漢字にひらがなをつけていますので、日本語を勉強しているベトナム人の方も本書をお使いいただけます。

　ベトナム語には6つの声調があります。実際にCDの音声を聞きながら、発音やイントネーションの練習をすることをおすすめします。本書の会話フレーズ、および付録（基本単語）のカタカナ読みは参考程度になさってください。

　ベトナムの人たちと交流したり、旅行や仕事などでベトナムを訪れたときに、ぜひベトナム語でコミュニケーションを楽しんでください。本書がベトナム語を学ぶ方々のお役に立てると幸いです。

欧米・アジア語学センター
寺戸ホア

目　次

はじめに

本書の構成

1日目　　ベトナム語について

1　**文字について** ……………………………………… 12

　☆　ベトナム語の文字

2　**発音について** ……………………………………… 14

　☆　ベトナム語の母音、子音

3　**基本の言葉（1）** …………………………………… 16

　☆　人称代名詞

4　**基本の言葉（2）** …………………………………… 18

　☆　数字の読み方

5　**基本の言葉（3）** …………………………………… 20

　☆　時間の言い方

6　**基本の言葉（4）** …………………………………… 22

　☆　月・曜日などの言い方

7　**基本の言葉（5）** …………………………………… 24

　☆　年・月・週・日の言い方

8　**基本の言葉（6）** …………………………………… 26

　☆　方向、単位

2日目　　基本構文（1）名詞文

1　「〜は…です」（1）　　　　　〔主語が人のとき〕　…　30

2　「〜は…です」（2）　　　　　〔主語が物のとき〕　…　32

3　「〜は…ではありません」（1）〔主語が人のとき〕　…　34

4　「〜は…ではありません」（2）〔主語が物のとき〕　…　36

5　「〜は…ですか？」（1）　　　〔主語が人のとき〕　…　38

6　「〜は…ですか？」（2）　　　〔主語が物のとき〕　…　40

3日目　　基本構文（2）形容詞文

1　「〜は…です」（1）　　　　　〔主語が人のとき〕　…　44

2　「〜は…です」（2）　　　　　〔主語が物のとき〕　…　46

3　「〜は…ではありません」（1）〔主語が人のとき〕　…　48

4　「〜は…ではありません」（2）〔主語が物のとき〕　…　50

5　「〜は…ですか？」（1）　　　〔主語が人のとき〕　…　52

6　「〜は…ですか？」（2）　　　〔主語が物のとき〕　…　54

4日目　　時制の表し方

1　「〜します」　……………………………………………　58

2　「〜しません」　…………………………………………　60

3　「〜しますか？」　………………………………………　62

4　「Aは〜しています」　…………………………………　64

5 「～します」〔未来〕、「～するつもりです」 ……… 66

6 「～しました」 ……………………………………… 68

7 「もう～しました」 ………………………………… 70

8 「～したことがあります」 ………………………… 72

5日目　動詞、助動詞の使い方

1 「～したいです」 ………………………………… 76

2 「(どうぞ) ～してください」 ……………………… 78

3 「～してください」 ……………………………… 80

4 「～しないでください」 ………………………… 82

5 「～することができます」 ……………………… 84

6 「～してもいいですか?」 ……………………… 86

7 「～しなければなりません」 …………………… 88

6日目　疑問詞のある文

1 「何?」 …………………………………………… 92

2 「誰?」 …………………………………………… 94

3 「どこ?」 ………………………………………… 96

4 「いつ?」 ………………………………………… 98

5 「どれ?　どちら?」 …………………………… 100

6 「どう?　どのように?　どんな?」 ………… 102

7 「なぜ?　どうして?」 ………………………… 104

7日目　　会話　実践編

1　出会いのあいさつ　………………………………　108

2　別れのあいさつ　…………………………………　110

3　お礼、おわび　……………………………………　112

4　お祝い　……………………………………………　114

5　返事　………………………………………………　116

6　肯定、否定　………………………………………　118

7　可能、不可能　……………………………………　120

8　初対面のとき　……………………………………　122

9　相手にたずねる（1）　……………………………　124

10　相手にたずねる（2）　……………………………　126

11　電話をかける　……………………………………　128

12　訪問する、迎える　………………………………　130

13　街で　………………………………………………　132

14　乗り物を利用する　………………………………　134

15　レストランで（1）注文する　……………………　136

16　レストランで（2）食べる、飲む　………………　138

17　ショッピング（1）　………………………………　140

18　ショッピング（2）　………………………………　142

19　体調が良くないとき　……………………………　144

20　トラブル（紛失・盗難）　…………………………　146

1　自己紹介
2　家族
3　お金関係（1）
4　お金関係（2）
5　店
6　会社、学校、建物、施設など
7　街での表示、標識
8　娯楽、趣味
9　値段、品質
10　トラブル
11　駅
12　乗り物
13　電話、郵便
14　空港
15　化粧品、アクセサリー
16　身の回りの物
17　衣類（1）
18　衣類（2）
19　サイズ、デザイン
20　色

21　料理（1）
22　料理（2）
23　デザート、菓子
24　果物
25　飲み物（1）
26　飲み物（2）
27　酒類
28　食器、調味料
29　ホテル（1）
30　ホテル（2）
31　部屋、家具など
32　台所、電気、水道など
33　病院、薬
34　病気、症状
35　体
36　顔、内臓
37　自然、気候
38　よく使う動詞（1）
39　よく使う動詞（2）
40　よく使う動詞（3）

カバーデザイン　株式会社ヴァイス　目黒眞
本文デザイン　　末吉喜美
本文イラスト　　たかおかおり

本書の構成

1 日目

　ベトナム語の文字、発音、基本の言葉などについて解説しています。

2 ～ 6 日目

　それぞれ見開き 2 ページ構成で、最初に「基本構文」、そして「基本フレーズ」を紹介しています。「ポイント解説」で基本的な文法を説明しています。「基本構文を使って言ってみよう」では、単語を入れ替えて、いろいろな表現を学ぶことができます。

7 日目

　実践編として、交流、旅行、ショッピング、食事など様々なシーンで使える会話フレーズを紹介しています。

付録

　基本単語をジャンル別にまとめています。

CD および音声ダウンロードについて

下記の箇所を録音しています。

1 日目

　文字、母音、子音、「基本の言葉」の単語を読んでいます。

2 ～ 6 日目

　それぞれ「基本フレーズ」「基本構文を使って言ってみよう」の例文を「日本語→ベトナム語」の順に読んでいます。

7 日目

　各シーンのフレーズを「日本語→ベトナム語」の順に読んでいます。

※音声ダウンロードについて

　付属の CD と同じ内容の音源を下記 URL よりダウンロードできます。
　https://www.asuka-g.co.jp

1日目

ベトナム語について

☆ ベトナム語の文字

---- ポイント解説 ----

英語のアルファベットは「A, B, C, …」の26文字ですが、ベトナム語では29文字あります。

A	a		N	n
Ă	ă		O	o
Â	â		Ô	ô
B	b		Ơ	ơ
C	c		P	p
D	d		Q	q
Đ	đ		R	r
E	e		S	s
Ê	ê		T	t
G	g		U	u
H	h		Ư	ư
I	i		V	v
K	k		X	x
L	l		Y	y
M	m			

●ベトナム語の特徴

＜英語との違い＞

1　ベトナム語では「F, f」「J, j」「W, w」「Z, z」の４文字は使われません。

2　「P, p」は外来語の表記などに用いられます。

例　　piano　（ピアノ）　ピアノ
　　　pin　　（ピン）　　電池

3　下記の７文字が使われる点で英語と異なります。

Ă	ă		Ô	ô
Â	â		Ơ	ơ
Đ	đ		Ư	ư
Ê	ê			

☆ ベトナム語の母音、子音

--- **ポイント解説** --------------------------------------

●母音について

母音は 12 個あります。

a	ă	â	i	y	u	ư	e	ê	o	ô	ơ

●子音について

子音は「単子音」（1 文字のもの）と「複合子音」（2 文字または 3 文字のもの）があります。

b	c	ch	d	đ	g	gh	gi	h
k	kh	l	m	n	ng	ngh	nh	p	ph
q	qu	r	s	t	th	tr	v	x

●声調について

　ベトナム語には「六声調」があります。

声調	発音のしかた
a	中位で平板。
à	低位で少し下がる。
á	速く鋭く上昇する。
ả	ゆっくりと下降した後で再び元の高さくらいまで上昇する。
ã	のどの緊張を伴ってやや上昇し、一瞬のどを閉じた後で急に上昇する。
ạ	のどの緊張を伴って始まり、急に下降し、のどを閉じたままで終わる。

　ベトナム語の標準語は北部（ハノイ）の発音ですが、ベトナムの南部と中部では方言があります。

☆ 人称代名詞

---- **ポイント解説** ----------------------

　ベトナム語には人称代名詞が数多くあり、相手の性別、年齢などによって呼び方が異なります。主なものを紹介します。

＜単数形＞

1人称	私 （わたし）	tôi	トイ	
2人称	あなた	**bạn**	バン	〔同年代・年下〔成人〕の人〕
		ông	オン	〔年配の男性に〕
		bà	バ	〔年配の女性に〕
		anh	アイン	〔同年代・年上の男性に〕
		chị	チ	〔同年代・年上の女性に〕
		em	エム	〔年下の男女に〕
3人称	彼 （かれ）	**ông ấy**	オン エイ	〔年配の男性〕
		anh ấy	アイン エイ	〔同年代・年上の男性〕
	彼女 （かのじょ）	**bà ấy**	バ エイ	〔年配の女性〕
		chị ấy	チ エイ	〔同年代・年上の女性〕
	彼／彼女 （かれ／かのじょ）	**em ấy**	エム エイ	〔年下の男女〕

＜複数形＞

1人称	私 たち	chúng ta	チュン タ	〔相手を含む〕
		chúng tôi	チュン トイ	〔相手を含まない〕
2人称	あなたたち	các bạn	カッ（ク） バン	〔同年代の人〕
		các ông	カッ（ク） オン	〔年上の男性〕
		các bà	カッ（ク） バ	〔年上の女性〕
		các anh	カッ（ク） アイン	〔同年代の男性〕
		các chị	カッ（ク） チ	〔同年代の女性〕
		các em	カッ（ク） エム	〔年下の男女〕
3人称	彼ら	các ông ấy	カッ（ク）オン エイ	〔年上の男性〕
		các anh ấy	カッ（ク）アイン エイ	〔同年代の男性〕
	彼女ら	các bà ấy	カッ（ク）バ エイ	〔年上の女性〕
		các chị ấy	カッ（ク）チ エイ	〔同年代の女性〕
	彼ら／彼女ら	các em ấy	カッ（ク）エム エイ	〔年下の男女〕

※「〜の…」（所有を表す）

　「物＋ của ＋所有者」で「〜の…」を表します。しかし、家族関係、体の部位など、本来備わっているものには của を使いません。

例	「私の電話番号」	「私の母」	「私の手」
	số điện thoại **của** tôi	mẹ tôi	tay tôi
	電話番号　　　　の　私	母　私	手　私

☆ 数字の読み方

- ポイント解説 -

　ベトナムの数字の表記はアラビア数字と同様です。

0	không	ホン
1	một	モッ (ト)
2	hai	ハイ
3	ba	バ
4	bốn	ボン
5	năm	ナム
6	sáu	サウ
7	bảy	バイ
8	tám	タム
9	chín	チン
10	mười	ムオイ

11	mười một	ムオイ　モッ（ト）
12	mười hai	ムオイ　ハイ
13	mười ba	ムオイ　バ
14	mười bốn	ムオイ　ボン
15	mười lăm	ムオイ　ラム
16	mười sáu	ムオイ　サウ
17	mười bảy	ムオイ　バイ
18	mười tám	ムオイ　タム
19	mười chín	ムオイ　チン
20	hai mươi	ハイ　ムオイ

※数字の言い方

「100」	một trăm	モッ（ト）　チャム
「1,000」	một nghìn	モッ（ト）　ンギン
	một ngàn〔南〕	モッ（ト）　ンガン
「100,000」	một trăm nghìn	モッ（ト）　チャム　ンギン
「1,000,000」	một triệu	モッ（ト）　チェウ

☆ 時間の言い方

ポイント解説

「〜時…分」はベトナム語で「〜 giờ　…phút」と言います。

●時間

1時	một giờ	モッ（ト）　ソー
2時	hai giờ	ハイ　ソー
3時	ba giờ	バ　ソー
4時	bốn giờ	ボン　ソー
5時	năm giờ	ナム　ソー
6時	sáu giờ	サウ　ソー
7時	bảy giờ	バイ　ソー
8時	tám giờ	タム　ソー
9時	chín giờ	チン　ソー
10時	mười giờ	ムオイ　ソー
11時	mười một giờ	ムオイ　モッ（ト）　ソー
12時	mười hai giờ	ムオイ　ハイ　ソー

●朝、昼、夜

朝（あさ）	sáng	サーン
夜（よる）	tối	トイ
午前（ごぜん）	buổi sáng	ブオイ サーン
午後（ごご）	buổi chiều	ブオイ チェウ
正午（しょうご）	buổi trưa / giữa trưa	ブオイ チュア／ ズーア チュア
昼間（ひるま）	ban ngày	バン ンガイ
夜間（やかん）	ban đêm	バン デム

＜食事＞

朝食（ちょうしょく）	cơm sáng	コム サーン
昼食（ちゅうしょく）	cơm trưa	コム チュア
夕食（ゆうしょく）	cơm tối	コム トイ

☆　月・曜日などの言い方

ポイント解説

「～月」はベトナム語で「tháng ～」と言います。

●月

1月<ruby>がつ</ruby>	tháng một	タン　モッ（ト）
2月	tháng hai	タン　ハイ
3月	tháng ba	タン　バー
4月	tháng tư	タン　トゥ
5月	tháng năm	タン　ナム
6月	tháng sáu	タン　サウ
7月	tháng bảy	タン　バイ
8月	tháng tám	タン　タム
9月	tháng chín	タン　チン
10月	tháng mười	タン　ムオイ
11月	tháng mười một	タン　ムオイ　モッ（ト）
12月	tháng mười hai	タン　ムオイ　ハイ

●曜日、四季

月曜日	thứ Hai	トゥー　ハイ
火曜日	thứ Ba	トゥー　バー
水曜日	thứ Tư	トゥー　トゥ
木曜日	thứ Năm	トゥー　ナム
金曜日	thứ Sáu	トゥー　サウ
土曜日	thứ Bảy	トゥー　バイ
日曜日	chủ Nhật	チュー　ニャッ（ト）

春	mùa xuân	ムア　スァン
夏	mùa hè / mùa hạ	ムア　ヘー／ ムア　ハー
秋	mùa thu	ムア　トゥー
冬	mùa đông	ムア　ドン

☆ 年・月・週・日の言い方

- **ポイント解説**

　「年」「月」「週」「日」はベトナム語でそれぞれ「năm」「tháng」「tuần」「hôm」と言います。

●年、月

今年 （ことし）	năm nay	ナム　ナイ
去年 （きょねん）	năm ngoái	ナム　ンゴアイ
来年 （らいねん）	năm sau	ナム　サウ
一昨年 （いっさくねん）	năm kia	ナム　キア
再来年 （さらいねん）	năm sau nữa	ナム　サウ　ヌーア

今月 （こんげつ）	tháng này	タン　ナイ
先月 （せんげつ）	tháng trước	タン　チュオッ（ク）
来月 （らいげつ）	tháng sau	タン　サウ
先々月 （せんせんげつ）	tháng trước nữa	タン　チュオッ（ク）　ヌーア
再来月 （さらいげつ）	tháng sau nữa	タン　サウ　ヌーア

● 週、日

今週 (こんしゅう)	tuần này	トゥアン　ナイ
先週 (せんしゅう)	tuần trước	トゥアン　チュオッ（ク）
来週 (らいしゅう)	tuần sau	トゥアン　サウ
先々週 (せんせんしゅう)	tuần trước nữa	トゥアン　チュオッ（ク）ヌーア
再来週 (さらいしゅう)	tuần sau nữa	トゥアン　サウ　ヌーア

今日 (きょう)	hôm nay	ホム　ナイ
昨日 (きのう)	hôm qua	ホム　クア
明日 (あした)	ngày mai	ンガイ　マイ
おととい	hôm kia	ホム　キア
あさって	ngày kia	ンガイ　キア

☆ 方向、単位

- - - ポイント解説 -

● 方向

東 （ひがし）	đông	ドン
西 （にし）	tây	タイ
南 （みなみ）	nam	ナム
北 （きた）	bắc	バッ（ク）
右側 （みぎがわ）	bên phải	ベン　ファーイ
左側 （ひだりがわ）	bên trái	ベン　チャーイ

前 （まえ）	trước	チュオッ（ク）
後 （うしろ）	sau	サウ
上 （うえ）	trên	チェン
下 （した）	dưới	ズォーイ

●物の数え方

～個	～ cái	カイ
～回	～ lần	ラン
～人	～ người	ングオイ
～匹	～ con	コン
～冊	～ quyển	クイン
～枚	～ tờ / ～ tấm	トー／ タム
～皿	～ đĩa	ディア
～本〔ビン〕	～ chai	チャイ
～杯〔カップ〕	～ tách	タッ（ク）
～杯〔コップ〕	～ cốc	コッ（ク）
～杯〔盃〕	～ chén	チェーン
～杯〔どんぶり〕	～ bát	バッ（ト）

27

2日目

基本構文（1）

> **基本構文**
>
> AはBです。
>
> 主語A（人）＋ là ＋名詞B

----- **基本フレーズ** -----

Tôi là sinh viên.

トイ　ラ　シン　ヴィエン

私は大学生です。

----- **ポイント解説** -----

「AはBです」は「A là B」で表現できます。

例文の tôi は「私」、là は「〜です」、sinh viên は「大学生」という意味です。

また、「こちらは〜さんです」というように人を紹介するとき、「Đây là 〜」の文を使えます。

例　Đây là chị Maki.　　こちらはマキさんです。

<構文>

主語				名詞	
Tôi 私	＋	**là** 〜です	＋	**sinh viên** 大学生	.

「私は大学生です」

1 私は日本人です。

Tôi là người Nhật.
トイ　ラ　ングオイ　ニャッ(ト)

2 私は会社員です。

Tôi là nhân viên công ty.
トイ　ラ　ニャン　ヴィエン　コン　ティ

3 彼は田中さんです。

Anh ấy là anh Tanaka.
アイン　エイ　ラ　アイン　　タナカ

4 彼は教員です。

Anh ấy là giáo viên.
アイン　エイ　ラ　　ザオ　ヴィエン

5 彼女はハノイ出身です。

Chị ấy là người Hà Nội.
チ　エイ　ラ　ングオイ　ハ　ノイ

6 私たちは観光客です。

Chúng tôi là khách du lịch.
チュン　トイ　ラ　　ハッ(ク)　ズ　リッ(ク)

単語の解説

□ tôi：私

□ sinh viên：大学生

□ đây：こちら、これ、ここ

□ người Nhật：日本人
〔người：人、Nhật：日本〕

□ nhân viên công ty：会社員
〔công ty：会社〕

□ anh ấy：彼〔同年代・年上の人〕

□ giáo viên：教員

□ chị ấy：彼女〔同年代・年上の人〕

□ người Hà Nội：ハノイの人

□ chúng tôi：私たち
〔話し相手を含まない〕

□ khách du lịch：観光客

> **基本構文**
>
> AはBです。
>
> 主語 A（物など）＋ là ＋名詞 B

基本フレーズ

Đây là hộ chiếu của tôi.

デイ　ラ　ホ　チエウ　クア　トイ

これは私のパスポートです。

ポイント解説

　物などについて話すときも、「A は B です」は「A là B」で表現できます。

　例文の đây は「これ」、là は「〜です」、hộ chiếu は「パスポート」、của は「〜の」、tôi は「私」という意味です。

＜構文＞

主語				名詞
Đây これ	＋	là 〜です	＋	hộ chiếu của tôi . パスポート 〜の 私

「これは私のパスポートです」

1 これは彼の電話番号です。

Đây là số điện thoại của anh ấy.
デイ　ラ　ソ　ディエン　トアイ　クア　アイン　エイ

2 これは私のEメールアドレスです。

Đây là địa chỉ e-mail của tôi.
デイ　ラ　ディア　チ　イメイル　クア　トイ

3 これは私たちの荷物です。

Đây là hành lý của chúng tôi.
デイ　ラ　ハイン　リ　クア　チュン　トイ

4 ここは銀行の両替コーナーです。

Đây là quầy đổi tiền của ngân hàng.
デイ　ラ　クアイ　ドイ　ティエン　クア　ンガン　ハン

5 私の名前はナムです。

Tên tôi là Nam.
テン　トイ　ラ　ナム

※ Tôi tên là ~ という表現も使われます。

6 私の血液型はO型です。

Máu của tôi là máu O.
マウ　クア　トイ　ラ　マウ　オ

単語の解説

□ đây：これ、ここ
□ hộ chiếu：パスポート
□ của tôi：私の〔của：〜の、tôi：私〕
□ số điện thoại：電話番号
□ anh ấy：彼

□ địa chỉ e-mail：Eメールアドレス
□ hành lý：荷物
□ ngân hàng：銀行
□ quầy đổi tiền：両替コーナー
□ tên：名前
□ máu：血液型

> **基本構文**
>
> AはBではありません。
>
> 主語 A （人）＋ không phải là ＋名詞 B

- **基本フレーズ**

Tôi không phải là sinh viên.
トイ　　ホン　　ファイ　ラ　シン　ヴィエン

わたし だいがくせい
私は大学生ではありません。

- **ポイント解説**

「A là B」（A は B です）の là の前に、否定の「không phải」を置くと、「A không phải là B」で「A は B ではありません」という意味になります。

例文の tôi は「私」、không phải là は「〜ではない」、sinh viên は「大学生」という意味です。

＜構文＞

主語			名詞

| Tôi 私 | ＋ | không phải là 〜ではない | ＋ | sinh viên 大学生 | . |

「私は大学生ではありません」

1 私はベトナム人ではありません。

Tôi không phải là người Việt Nam.

トイ　ホン　ファイ　ラ　ングオイ　ヴィエッ(ト)ナム

2 私は日本人ではありません。

Tôi không phải là người Nhật.

トイ　ホン　ファイ　ラ　ングオイ　ニャッ(ト)

3 彼は医者ではありません。

Ông ấy không phải là bác sĩ.

オン(グ)エイ　ホン　ファイ　ラ　バッ(ク)シー

4 彼女はマイさんではありません。

Chị ấy không phải là chị Mai.

チ　エイ　ホン　ファイ　ラ　チ　マイ

5 私たちは韓国人ではありません。

Chúng tôi không phải là người Hàn Quốc.

チュン　トイ　ホン　ファイ　ラ　ングオイ　ハン　クオッ(ク)

6 彼らは観光客ではありません。

Họ không phải là khách du lịch.

ホ　ホン　ファイ　ラ　ハッ(ク)　ズ　リッ(ク)

単語の解説

□ tôi：私

□ sinh viên：大学生

□ người Việt Nam：ベトナム人

□ người Nhật：日本人

□ ông ấy：彼〔年配の人〕

□ bác sĩ：医者

□ chị ấy：彼女〔同年代・年上の人〕

□ chúng tôi：私たち〔相手を含まない〕

□ người Hàn Quốc：韓国人

□ khách du lịch：観光客

基本構文

AはBではありません。

主語A（物など）＋ không phải là ＋名詞B

基本フレーズ

Đây không phải là túi của tôi.
デイ　ホン　ファイ　ラ　トゥーイ　クア　トイ

これは私のカバンではありません。

ポイント解説

　物などについて話すときも、「A là B」（A は B です）の là の前に、否定の「không phải」を置くと、「A không phải là B」で「A は B ではありません」という意味になります。

　例文の đây は「これ」、không phải là は「〜ではない」、túi は「カバン」、của は「〜の」、tôi は「私」という意味です。

＜構文＞

主語		名詞
Đây これ	＋ không phải là 〜ではない ＋	túi của tôi . カバン 〜の 私

「これは私のカバンではありません」

1 これは私の財布ではありません。
Đây không phải là ví của tôi.
デイ　ホン　ファイ　ラ　ヴィー　クア　トイ

2 これは私たちの荷物ではありません。
Đây không phải là hành lý của chúng tôi.
デイ　ホン　ファイ　ラ　ハイン　リ　クア　チュン　トイ

3 ここはタクシー乗り場ではありません。
Đây không phải là bến xe taxi.
デイ　ホン　ファイ　ラ　ベン　セー　タクシー

4 それはタイ湖ではありません。
Đó không phải là hồ Tây.
ド　ホン　ファイ　ラ　ホ　タイ

5 それは君のせい〔ミス〕じゃないよ。
Đó không phải là lỗi của anh đâu.
ド　ホン　ファイ　ラ　ロイ　クア　アイン　ダウ

※đâuは否定文の文末につけて、親しみを込めたり、ニュアンスをやわらかくする表現。

6 私の名前はナムではありません。
Tên tôi không phải là Nam.
テン　トイ　ホン　ファイ　ラ　ナム

単語の解説

□ đây：これ、ここ、こちら
□ túi：カバン
□ ví：財布
□ hành lý：荷物
□ bến xe taxi：タクシー乗り場

□ đó：それ、そこ、そちら
□ hồ：湖
□ lỗi：ミス
□ anh：あなた
〔同年代・年上の男性〕
□ tên tôi：私の名前

> **基本構文**
>
> AはBですか？
>
> 主語 **A**（人）＋ **có phải là** ＋名詞 **B** ＋ **không?**

----- 基本フレーズ -----

Anh có phải là sinh viên không?

アイン　コ　ファイ　ラ　シン　ヴィエン　ホン

あなたは大学生ですか？

----- ポイント解説 -----

　「AはBですか？」とたずねるときは「A có phải là B không?」で表現できます。

　例文の anh は「あなた」〔同年代・年上の男性〕、có は「ある・いる」、phải は「正しい」、là は「です」、sinh viên は「大学生」、không は「ない・いない」という意味です。

＜構文＞

主語　　　　　　　　　　　　　名詞

Anh		có phải là		sinh viên		không	?
あなた	＋		＋	大学生	＋		

「あなたは大学生ですか？」

1 あなたはベトナム人ですか？

Anh có phải là người Việt Nam không?

<small>アイン　コ　ファイ　ラ　ングオイ　ヴィエッ(ト)　ナム　　ホン</small>

---

2 あなたは会社員ですか？

Chị có phải là nhân viên công ty không?

<small>チ　コ　ファイ　ラ　ニャン　ヴィエン　コン　ティ　ホン</small>

---

3 彼は日本人ですか？

Anh ấy có phải là người Nhật không?

<small>アイン エイ　コ　ファイ　ラ　ングオイ　ニャッ(ト)　　ホン</small>

---

4 彼女はマイさんですか？

Chị ấy có phải là chị Mai không?

<small>チ　エイ　コ　ファイ　ラ チ　マイ　　ホン</small>

---

5 あなたたちは観光客ですか？

Các bạn có phải là khách du lịch không?

<small>カッ(ク) バン　コ　ファイ　ラ　ハッ(ク)　ズ リッ(ク)　ホン</small>

---

6 彼らは韓国人ですか？

Họ có phải là người Hàn Quốc không?

<small>ホ　コ　ファイ　ラ　ングオイ　ハン　クオッ(ク)　ホン</small>

> **単語の解説**
>
> □ sinh viên：大学生
> □ người Việt Nam：ベトナム人
> □ nhân viên công ty：会社員
> □ anh ấy：彼〔同年代・年上の人〕
> □ người Nhật：日本人
>
> □ chị ấy：彼女〔同年代・年上の人〕
> □ các bạn：あなたたち
> □ khách du lịch：観光客
> □ họ：彼ら
> □ người Hàn Quốc：韓国人

基本構文

AはBですか？

主語 **A**（物など）＋ **có phải là** ＋名詞 **B** ＋ **không?**

基本フレーズ

Đây có phải là hộ chiếu của chị không?

デイ　コ　ファイ　ラ　ホ　チエウ　クア　チ　ホン

これはあなたのパスポートですか？

ポイント解説

　物などについてたずねるときも、「AはBですか？」は「A có phải là B không?」で表現できます。

　例文の đây は「これ」、có は「ある・いる」、phải は「正しい」、là は「です」、hộ chiếu は「パスポート」、của は「〜の」、chị は「あなた」〔同年代・年上の女性〕、không は「ない・いない」という意味です。

＜構文＞

主語 名詞

主語		名詞	
Đây これ	có phải là	hộ chiếu của chị パスポート　〜の あなた	không ?

「これはあなたのパスポートですか？」

40

1 これはあなたの財布ですか？

Đây có phải là ví của chị không?

デイ　コ　ファイ　ラ　ヴィ　クア　チ　ホン

---

2 これは彼のカバンですか？

Đây có phải là túi của anh ấy không?

デイ　コ　ファイ　ラ　トゥイ　クア　アイン　エイ　ホン

---

3 これはあなたたちの荷物ですか？

Đây có phải là hành lý của các anh chị không?

デイ　コ　ファイ　ラ　ハイン　リ　クア　カッ(ク)　アイン　チ　ホン

---

4 ここはナムハイ旅行会社ですか？

Đây có phải là công ty du lịch Nam Hải không?

デイ　コ　ファイ　ラ　コン　ティ　ズ　リッ(ク)　ナム　ハイ　ホン

---

5 それはタイ湖なの？

Đó có phải là hồ Tây không?

ド　コ　ファイ　ラ　ホ　タイ　ホン

---

6 あなたのお名前はナムですか？

Tên anh có phải là Nam không?

デン　アイン　コ　ファイ　ラ　ナム　ホン

単語の解説

□ đây：これ、ここ

□ hộ chiếu：パスポート

□ của：〜の

□ ví：財布

□ túi：カバン

□ hành lý：荷物

□ công ty du lịch：旅行会社
〔công ty：会社、du lịch：旅行〕

□ đó：それ、そこ、そちら

□ hồ：湖

□ tên：名前

3日目

基本構文（2）

基本構文

Aは B です。

主語 A（人）＋形容詞 B

基本フレーズ

Tôi khoẻ.
トイ　ホエ
わたし げん き
私は元気です。

ポイント解説

　「A は B です」は、「私はうれしいです」「彼女はきれいです」というように B が形容詞のとき、ベトナム語で「主語＋形容詞」で表現できます。英語の be 動詞にあたる言葉はありません。

　例文の tôi は「私」、khoẻ は「元気な」という意味です。

　また、hơi「少し」、rất「とても」などを使って程度を表すことができます。

<構文>

主語		形容詞
Tôi 私	＋	khoẻ . 元気な

「私は元気です」

1 私は忙しいです。

Tôi bận.
トイ　バン

2 私は疲れています。

Tôi mệt.
トイ　メッ(ト)

3 私はとてもうれしいです。

Tôi rất vui.
トイ　ザッ(ト)ヴーイ

4 彼女はきれいです。

Chị ấy đẹp.
チ　エイ デッ(プ)

5 彼は背が高いです。

Anh ấy cao.
アイン　エイ　カオ

〈参考〉

1 彼はとても親切です。

Anh ấy rất tốt bụng.
アイン　エイ　ザッ(ト)　トッ(ト)　ブン

単語の解説

□ tôi：私

□ khoẻ：元気な

□ bận：忙しい

□ mệt：疲れた

□ rất：とても

□ vui：うれしい、楽しい

□ chị ấy：彼女〔同年代・年上の人〕

□ đẹp：きれいな

□ anh ấy：彼〔同年代・年上の人〕

□ cao：高い〔高さ〕

□ tốt bụng：親切な

基本構文

AはBです。

主語 **A**（物）＋形容詞 **B**

基本フレーズ

Phở ngon.
フォー　ンゴン

フォーがおいしいです。

ポイント解説

　物などについて話すときも「AはBです」は、Bが形容詞のとき、ベトナム語で「主語＋形容詞」で表現できます。英語のbe動詞にあたる言葉はありません。

　例文の phở は「フォー」、ngon は「おいしい」という意味です。

<構文>

|主語|　|形容詞|
|Phở
フォー|＋|ngon
おいしい|

「フォーがおいしいです」

1 これはおいしいです。　　　　Cái này ngon.
　　　　　　　　　　　　　　　　カイ　ナイ　　ンゴン

2 風が強いです。　　　　　　　Gió mạnh.
　　　　　　　　　　　　　　　　ゾ　　　マイン

3 (今日は) 天気が良いです。　(Hôm nay) trời đẹp.
　　　　　　　　　　　　　　　　ホム　　ナイ　　チョイ デッ(プ)

4 この本はおもしろいです。　　Quyển sách này hay.
　　　　　　　　　　　　　　　　クエン　　サッ(ク) ナイ　ハイー

5 ハロンの景色がきれいです。

Phong cảnh ở Hạ Long đẹp.
フォン　　カイン　オー ハ　　ロン　　デッ(プ)

6 あなたのベトナム語は上手です。

Tiếng Việt của anh giỏi.
ティエン ヴィエッ(ト) クア アイン ゾイ

7 ベトナム語はとてもおもしろいです。

Tiếng Việt rất thú vị.
ティエン ヴィエッ(ト) ザッ(ト) トゥ ヴィ

<table>
<tr><th colspan="2">単語の解説</th></tr>
</table>

- ngon：おいしい
- cái này：これ
- gió：風
- mạnh：強い
- hôm nay：今日
- trời：空、天気
- đẹp：きれいな

- sách：本
- hay：おもしろい
- phong cảnh：景色
- tiếng Việt：ベトナム語
- giỏi：上手な
- rất：とても
- thú vị：おもしろい

3日目

基本構文(2)

47

基本構文

AはBではありません。

主語 **A**（人）＋ **không** ＋形容詞 **B**

基本フレーズ

Tôi không khoẻ.
トイ　　ホン　　ホエ

わたし げんき
私は元気ではありません。

ポイント解説

「A は B ではありません」は、B が形容詞のとき、「A không B」
で表現できます。

例文の tôi は「私」、không は否定の「ない・いない」、khoẻ は
「元気な」という意味です。

また、không 〜 lắm đâu を使って「そんなに〜ではない」を表
現することができます。

<構文>

主語				形容詞
Tôi 私	+	không 〜ない	+	khoẻ 元気な .

「私は元気ではありません」

1 私は忙しくありません。　Tôi không bận.
　　　　　　　　　　　　　　　トイ　　ホン　　バン

2 私はお腹はすいていません。　Tôi không đói.
　　　　　　　　　　　　　　　トイ　　ホン　　ドイ

3 私は疲れていません。　Tôi không mệt.
　　　　　　　　　　　　　トイ　　ホン　　メッ(ト)

4 彼は背が高くありません。　Anh ấy không cao.
　　　　　　　　　　　　　　アイン エイ　ホン　　カオ

5 彼は暇ではありません。　Anh ấy không rỗi.
　　　　　　　　　　　　　アイン エイ　ホン　　ゾイ

6 彼女はそんなに厳しく　Chị ấy không khó
　　ありません。　　　　　チ　エイ　　ホン　　ホ

　　　　　　　　　　　　tính lắm đâu.
　　　　　　　　　　　　ティン　ラム　　ダウ

単語の解説

□ tôi：私

□ khoẻ：元気な

□ bận：忙しい

□ đói：お腹がすいている

□ mệt：疲れている

□ anh ấy：彼〔同年代・年上の人〕

□ cao：背が高い

□ rỗi：暇な　※ rảnh〔南〕

□ chị ấy：彼女〔同年代・年上の人〕

□ khó tính：厳しい

49

> 基本構文
>
> AはBではありません。
>
> 主語A（物）＋ không ＋形容詞B

--- 基本フレーズ ---

Cái này không ngon.
カイ　ナイ　ホン　ンゴン

これはおいしくありません。

--- ポイント解説 ---

　物などについて話すときも「AはBではありません」は、B が形容詞のとき、「A không B」で表現できます。

　例文の cái này は「これ」、không は否定の「ない・いない」、ngon は「おいしい」という意味です。

　また、không 〜 lắm を使って「あまり〜ではない」を表現することができます。

＜構文＞

主語			形容詞
Cái này これ	＋	không 〜ない	＋	ngon おいしい	.

「これはおいしくありません」

1 風は強くない。

Gió không mạnh.
ゾ　　ホン　　マイン

---

2 この映画はおもしろくありません。

Phim này không hay.
フィム　ナイ　ホン　ハイー

---

3 この本はおもしろくありません。

Quyển sách này không hay.
クエン　サッ(ク)ナイ　ホン　ハイー

---

4 このコーヒーは甘くない。

Cà phê này không ngọt.
カ　フェ　ナイ　ホン　ンゴッ(ト)

---

5 このコーヒーはそんなに甘くないよ。

Cà phê này không ngọt lắm đâu.
カ　フェ　ナイ　ホン　ンゴッ(ト)ラム　ダウ

---

6 この部屋はあまり広くありません。

Phòng này không rộng lắm.
フォン　ナイ　ホン　ゾング　ラム

単語の解説

☐ cái này：これ

☐ ngon：おいしい

☐ gió：風

☐ mạnh：強い

☐ phim：映画

☐ 名詞＋này：この〜

☐ sách：本

☐ hay：おもしろい

☐ cà phê：コーヒー

☐ ngọt：甘い

☐ phòng：部屋

☐ rộng：広い

51

基本構文

AはBですか?

主語 A（人）＋ có ＋形容詞 B ＋ không ?

- - **基本フレーズ** - -

Anh có bận không?

アイン　コ　バン　ホン

あなたは忙しいですか?

- - **ポイント解説** - -

　「A は B ですか?」は、B が形容詞のとき「A có B không?」で表現できます。例文の anh は「あなた」〔同年代・年上の男性〕、bận は「忙しい」という意味です。

　この構文で「お元気ですか?」の表現がよく使われます。ベトナム語で「あなた」〔2人称〕は相手の性別・年齢によって使い分けられます。

　例　お元気ですか?

　　　　Anh có khoẻ không?　〔同年代・年上の男性に〕

　　　　Chị có khoẻ không?　〔同年代・年上の女性に〕

＜構文＞

主語　　　　　　　　　　　　形容詞

| Anh
あなた | ＋ | có | ＋ | bận
忙しい | ＋ | không | ? |

「あなたは忙しいですか?」

1 あなたはうれしいですか？

Anh có vui không?
アイン　コ　ヴーイ　ホン

2 あなたはお腹^{なか}がすいていますか？

Anh có đói không?
アイン　コ　ドイ　ホン

3 あなたは疲^{つか}れていますか？

Anh có mệt không?
アイン　コ　メッ(ト)　ホン

4 彼^{かれ}は背^せが高^{たか}いですか？

Anh ấy có cao không?
アイン　エイ　コ　カオ　ホン

5 彼女^{かのじょ}はきれいですか？

Chị ấy có đẹp không?
チ　エイ　コ　デッ(プ)　ホン

6 彼^{かれ}は暇^{ひま}ですか？

Anh ấy có rỗi không?
アイン　エイ　コ　ゾイ　ホン

単語の解説

□ anh：あなた〔同年代・年上の男性〕　□ anh ấy：彼〔同年代・年上の人〕

□ bận：忙しい　□ cao：背が高い

□ vui：うれしい、楽しい　□ chị ấy：彼女〔同年代・年上の人〕

□ đói：お腹がすいている　□ đẹp：きれいな

□ mệt：疲れている　□ rỗi：暇な　※ rảnh〔南〕

3日目

基本構文(2)

> 基本構文
>
> AはBですか？
>
> 主語 A（物）＋ **có** ＋形容詞 B ＋ **không**？

- 基本フレーズ -

Cái này có ngon không?
カイ　ナイ　コ　ンゴン　ホン

これはおいしいですか？

- ポイント解説 -

　物などについてたずねるときも「AはBですか？」は、Bが形容詞のとき「A có B không?」で表現できます。

　例文の cái này は「これ」、ngon は「おいしい」という意味です。

＜構文＞

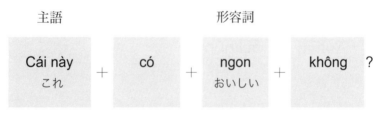

| 主語 | | 形容詞 | |
| Cái này
これ | + có + | ngon
おいしい | + không ? |

「これはおいしいですか？」

1 風が強いですか？

Gió có mạnh không?

ゾ　コ　マイン　　ホン

2 この映画はおもしろいですか？

Phim này có hay không?

フィム　ナイ　コ　ハイー　ホン

3 この本はおもしろいですか？

Quyển sách này có hay không?

クエン　サッ(ク)　ナイ　コ　ハイー　ホン

4 このコーヒーは甘いですか？

Cà phê này có ngọt không?

カ　フェ　ナイ　コ　ンゴッ(ト)　ホン

5 天気が良いですか？

Trời có đẹp không?

チョイ　コ　デッ(プ)　ホン

6 ホアンキエム湖はここの近くですか？

Hồ Hoàn Kiếm có gần đây không?

ホ　ホアン　キエム　コ　ガン　デイ　ホン

単語の解説

□ cái này：これ
□ ngon：おいしい
□ gió：風
□ mạnh：強い
□ 名詞＋này：この〜
□ hay：おもしろい
□ sách：本

□ cà phê：コーヒー
□ ngọt：甘い
□ trời：天気
□ đẹp：きれいな、良い
□ hồ：湖
□ gần：近い
□ đây：ここ

55

4日目

時制の表し方

> 基本構文
>
> Aは〜します。
>
> 主語A＋動詞（＋目的語）

- 基本フレーズ -

Tôi đi chợ Bến Thành.

トイ ディ チョ ベン タイン

私<ruby>私<rt>わたし</rt></ruby>はベンタイン市場<ruby>市場<rt>いちば</rt></ruby>に行きます。

- ポイント解説 -

　目的語を必要としないとき（話している内容が明白であるとき）、「Aは〜します」は、ベトナム語で「A＋動詞」で表現できます。

　　例　Tôi ngủ.　私は寝ます。

　目的語があるとき、動詞の後につけて「A＋動詞＋目的語」の文ができます。例文の tôi は「私」、đi は「行く」、chợ は「市場」という意味です。

　「ベンタイン市場」は1914年に設立された、ホーチミンを代表する市場で日用品・食料品など1000以上の店があります。

＜構文＞

主語		動詞		目的語
Tôi 私	＋	đi 行く	＋	chợ Bến Thành ベンタイン市場

「私はベンタイン市場に行きます」

1 私はゴルフをします。

Tôi chơi gôn.
トイ　チョイ　ゴン

2 私は彼女を知っています。

Tôi biết chị ấy.
トイ　ビエッ(ト)　チ　エイ

3 私たちはベトナム語を勉強します。

Chúng tôi học tiếng Việt.
チュン　トイ　ホッ(ク)　ティエン　ヴィエッ(ト)

4 彼はハロンに行きます。

Anh ấy đi Hạ Long.
アイン　エイディ　ハ　　ロン

5 彼女は銀行で働いています。

Chị ấy làm việc ở ngân hàng.
チ　エイ　ラム　ヴィエッ(ク)　オー　ンガン　ハン

6 私はABC社で働いています。

Tôi làm việc ở công ty ABC.
トイ　　ラム　ヴィエッ(ク)　オー　コン　ティ　アベセ

単語の解説

□ đi：行く

□ chợ：市場

□ chơi：(スポーツを) する、遊ぶ

□ gôn：ゴルフ

□ biết：知っている

□ học：勉強する

□ tiếng Việt：ベトナム語

□ làm việc：仕事をする

□ ngân hàng：銀行

□ công ty：会社

59

基本構文

Aは〜しません。

主語 A ＋ **không** ＋動詞（＋目的語）

基本フレーズ

Tôi không uống cà phê.

トイ　ホン　ウオン　カ　フェ

私はコーヒーを飲みません。

ポイント解説

「A＋動詞」（Aは〜します）の動詞の前に、否定の không を
置くと、「A＋ không ＋動詞」で「Aは〜しません」という意味
になります。

例文の tôi は「私」、không は「〜ない」、uống は「飲む」、cà
phê は「コーヒー」という意味です。

＜構文＞

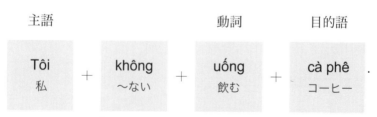

主語		動詞	目的語
Tôi 私	không 〜ない	uống 飲む	cà phê コーヒー

「私はコーヒーを飲みません」

1 私はゴルフをしません。

Tôi không chơi gôn.
トイ　　ホン　　チョイ　ゴン

2 私は彼女を知りません。

Tôi không biết chị ấy.
トイ　　ホン　ビエッ(ト)　チ　エイ

3 私はタバコを吸いません。

Tôi không hút thuốc lá.
トイ　　ホン　フッ(ト)　トゥオッ(ク)　ラ

4 私は運転免許を持っていません。

Tôi không có bằng lái xe.
トイ　　ホン　　コ　バン　ライ　セ

5 私はこれを買いません。

Tôi không mua cái này.
トイ　　ホン　　ムア　カイ　ナイ

単語の解説

□ uống：飲む

□ cà phê：コーヒー

□ chơi：（スポーツを）する

□ gôn：ゴルフ

□ biết：知っている

□ chị ấy：彼女〔同年代・年上の人〕

□ hút：吸う

□ thuốc lá：タバコ

□ có：持つ、所有する、いる、ある

□ bằng：免許、証明書

□ lái xe：車を運転する

□ mua：買う

□ cái này：これ

> **基本構文**
>
> Aは〜しますか？
>
> 主語 **A** ＋ **có** ＋動詞（＋目的語）＋ **không** ？

基本フレーズ

Anh có chơi ten nít không?

アイン　コ　チョイ　テン ニッ(ト)　ホン

あなたはテニスをしますか？

ポイント解説

「A は〜しますか？」とたずねるときは「A ＋ có ＋動詞（＋目的語）＋ không?」で表現できます。

例文の anh は「あなた」〔同年代・年上の男性〕、chơi は「（スポーツなどを）する、遊ぶ」、ten nít は「テニス」という意味です。

＜構文＞

主語		動詞	目的語	
Anh あなた	＋ có ＋	chơi する	＋ ten nít テニス	＋ không ？

「あなたはテニスをしますか？」

1 あなたはゴルフをしますか？

Anh có chơi gôn không?

アイン　コ　チョイ　ゴン　ホン

---

2 あなたはタバコを吸いますか？

Anh có hút thuốc lá không?

アイン　コ　フッ(ト)　トウッ(ク)　ラ　ホン

---

3 あなたはこの本を読みますか？

Anh có đọc quyển sách này không?

アイン　コ　ドッ(ク)　クエン　サッ(ク)　ナイ　ホン

---

4 あなたは（よく）ビールを飲みますか？

Anh có (hay) uống bia không?

アイン　コ　（ハイ）　ウオン　ビア　ホン

---

5 あなたは私のことを覚えていますか？

Chị có nhớ tôi không?

チ　コ　ニョ　トイ　ホン

---

6 彼はそのことを知っていますか？

Anh ấy có biết điều đó không?

アイン　エイ　コ　ビエッ(ト)　ディエウ　ド　ホン

単語の解説

□ chơi：（スポーツを）する、遊ぶ　　□ ～ này：この～

□ ten nít：テニス　　□ uống bia：ビールを飲む

□ hút thuốc lá：タバコを吸う　　□ nhớ：覚えている、思い出す

□ đọc：読む　　□ biết：知っている

□ sách：本　　□ điều đó：そのこと

時制の表し方

4日目

> **基本構文**
>
> Aは〜しています。
>
> 主語 A + đang +動詞（＋目的語）

基本フレーズ

Tôi đang xem phim.
トイ　ダン　セム　フィム

わたし えい が　み
私は映画を観ています。

ポイント解説

「Aは〜しています」は「A + đang +動詞（＋目的語）」で表現できます。例文の tôi は「私」、xem は「観る」、phim は「映画」という意味です。

●**否定するとき**：「Aは〜していません」

「A + không +動詞（＋目的語）」　※ đang は使いません。

●**たずねるとき**：「Aは〜しているのですか？」

「A + đang +動詞（＋目的語）+ phải không?」

＜構文＞

主語		動詞	目的語
Tôi 私	＋ **đang** 〜している	＋ **xem** 観る ＋	**phim** 映画 .

「私は映画を観ています」

1 私はコーヒーを飲んでいます。

Tôi đang uống cà phê.
トイ　ダン　ウオン　カ　フェ

2 私は横浜に向かっています。

Tôi đang đi Yokohama.
トイ　ダン　ディ　ヨコハマ

3 私たちは彼を待っています。

Chúng tôi đang đợi anh ấy.
チュン　トイ　ダン　ドイ　アイン　エイ

4 彼はあなたを探していますよ。

Anh ấy đang tìm chị.
アイン　エイ　ダン　ティム　チ

5 彼女は電話をかけています。

Chị ấy đang gọi điện thoại.
チ　エイ　ダン　ゴイ　ディエン　トアイ

6 ナムさんは新聞を読んでいます。

Anh Nam đang đọc báo.
アイン　ナム　ダン　ドッ(ク)　バオ

単語の解説

□ xem：観る、見る
□ phim：映画
□ uống cà phê：コーヒーを飲む
□ đi：行く、向かう
□ đợi：待つ
□ tìm：探す
□ gọi：呼ぶ、（電話を）かける
□ điện thoại：電話
□ đọc：読む
□ báo：新聞

> **基本構文**
>
> Aは～します。〔未来〕／Aは～するつもりです。
>
> 主語 A ＋ sẽ ＋動詞（＋目的語）

基本フレーズ

Tuần sau tôi sẽ đi　Việt　Nam.

トゥアン　サウ　トイ　セー ディ　ヴィエッ(ト)　ナム

らいしゅう わたし い
来週、私はベトナムに行きます。

ポイント解説

「A は～します」〔未来〕、「A は～するつもりです」は「A ＋ sẽ ＋動詞（＋目的語）」で表現できます。例文の tuần sau は「来週」、tôi は「私」、đi は「行く」という意味です。

●**否定するとき**：「A は～しないつもりです」

「A ＋ sẽ ＋ không ＋動詞（＋目的語）」

●**たずねるとき**：「A は～するつもりですか？」

「A ＋ có ＋動詞（＋目的語）＋ không?」

＜構文＞

（時を表す言葉）	主語		動詞	目的語

Tuần sau	＋	tôi	＋	sẽ	＋	đi	＋	Việt Nam	.
来週		私				行く		ベトナム	

「来週、私はベトナムに行きます」

1 私はベトナムに戻るつもりです。

Tôi sẽ trở lại Việt Nam.

トイ　セー　チョ　ライ　ヴィエッ(ト)　ナム

2 私は家族と京都に行くつもりです。

Tôi sẽ đi Kyoto với gia đình tôi.

トイ　セーディ　キオト　ヴォイ　ザ　ディン　トイ

3 私は映画を観に行きます。

Tôi sẽ đi xem phim.

トイ　セーディ　セム　フィム

4 来月、私は結婚します。

Tháng sau tôi sẽ kết hôn.

タン　　サウ　トイ　セー　ケッ(ト)　ホン

5 土曜日に私は彼女に会います。

Thứ Bảy tôi sẽ gặp chị ấy.

トウ　　バイ　トイ セー　ガッ(プ)　チ　エイ

6 来週、彼がここに来ます。

Tuần sau anh ấy sẽ đến đây.

トゥアン　サウ　アイン　エイ　セー　デン　　デイ

4日目 —— 時制の表し方

単語の解説

□ tuần sau：来週　　　　　　□ tháng sau：来月

□ đi：行く、向かう　　　　　□ kết hôn：結婚する

□ trở lại：戻る　　　　　　　□ thứ Bảy：土曜日

□ với：〜と共に　　　　　　　□ gặp：会う

□ gia đình：家族　　　　　　□ đến：来る、着く

□ xem phim：映画を観る　　　□ đây：ここ、こちら

> **基本構文**
>
> Aは〜しました。
>
> 主語A ＋ đã ＋動詞（＋目的語）

基本フレーズ

Tôi đã đi Việt Nam.

トイ　ダ ディ ヴィエッ(ト)　ナム

私はベトナムに行きました。

ポイント解説

　「Aは〜しました」は「A ＋ đã ＋動詞（＋目的語）」で表現できます。例文の tôi は「私」、đi は「行く」という意味です。

●**否定するとき**：「Aは〜しませんでした」

　「A ＋ (đã) ＋ không ＋動詞（＋目的語）」

※過去の否定は文法的には「đã không ＋動詞〜」になりますが、過去を表す言葉があるか、あるいは文脈で過去のことであるとわかれば、đã を省略できます。

●**たずねるとき**：「Aは〜しましたか？」

　「（過去を表す言葉＋）主語A ＋ có ＋動詞（＋目的語）＋ không ?」

＜構文＞

主語		動詞		目的語	
Tôi 私	＋	đã 〜した	＋ đi 行く	＋	Việt Nam ベトナム

「私はベトナムに行きました」

1 私_{わたし}はテニスをしました。

Tôi đã chơi ten nít.

トイ　ダ　チョイ　テン　ニッ(ト)

---

2 私_{わたし}はベトナムで彼_{かれ}に会_あいました。

Tôi đã gặp anh ấy ở Việt Nam.

トイ　ダ　ガッ(フ)　アイン　エイ　オー　ヴィエッ(ト)　ナム

---

3 私_{わたし}はベトナムのコーヒーを飲_のみました。

Tôi đã uống cà phê Việt Nam.

トイ　ダ　ウオン　カ　フェ　ヴィエッ(ト)　ナム

---

4 私_{わたし}は部屋_{へや}を予約_{よやく}しました。

Tôi đã đặt phòng trước.

トイ　ダー　ダッ(ト)　フォン　チュオッ(ク)

---

5 私_{わたし}は東京_{とうきょう}に着_つきました。

Tôi đã đến Tokyo.

トイ　ダ　デン　トキョ

---

6 彼_{かれ}らはホテルに着_つきました。

Họ đã đến khách sạn.

ホ　ダ　デン　ハッ(ク)　サン

4日目

時制の表し方

> **単語の解説**
>
> □ đi：行く、向かう　　　　　　□ đặt：予約する
>
> □ chơi ten nít：テニスをする　□ phòng：部屋
>
> □ gặp：会う　　　　　　　　　□ trước：先、前
>
> □ ở：〜で、〜に　　　　　　　□ đến：着く、来る
>
> □ uống cà phê：コーヒーを飲む　□ khách sạn：ホテル

基本構文

Aはもう〜しました。

主語 A ＋動詞（＋目的語）＋ rồi

- **基本フレーズ**

Tôi đến khách sạn rồi.

トイ　　デン　　ハッ(ク)　サン　ゾイ

私はもうホテルに着きました。

- **ポイント解説**

「Aはもう〜しました」は「A＋動詞（＋目的語）＋rồi」で表現できます。例文の tôi は「私」、đến は「到着する」、khách sạn は「ホテル」、rồi は「もう〜」という意味です。

「もう既に〜した」と強調するときは「đã＋動詞＋rồi」を使います。

●**否定するとき**：「Aはまだ〜していません」

「A ＋ chưa ＋動詞（＋目的語）」

●**たずねるとき**：「Aはもう〜しましたか？」

「A ＋ đã ＋動詞（＋目的語）＋ chưa？」

＜構文＞

主語	動詞	目的語	
Tôi 私	＋ **đến** 着く	＋ **khách sạn** ホテル	＋ **rồi** もう ．

「私はもうホテルに着きました」

1 私はもう料理を注文しました。

Tôi gọi món ăn rồi.

トイ ゴイ モン アン ゾイ

2 私はもう朝食を食べました。

Tôi ăn sáng rồi.

トイ アン サン ゾイ

3 私はもうこの本を読みました。

Tôi đọc quyển sách này rồi.

トイ ドッ(ク) クエン サッ(ク) ナイ ゾイ

4 彼女はもう帰った。

Chị ấy về rồi.

チ エイ ヴェ ゾイ

5 彼女はもう既に家に帰った。

Chị ấy đã về nhà rồi.

チ エイ ダ ヴェ ニャ ゾイ

〈疑問文〉

1 あなたはもう昼食を食べた？

Anh đã ăn trưa chưa?

アイン ダ アン チュア チュア

単語の解説

□ đến：着く、来る
□ khách sạn：ホテル
□ gọi：注文する、呼ぶ
□ ăn sáng：朝食を食べる
□ đọc：読む
□ sách：本
□ này：この
□ đã ～ rồi　※強調
□ về nhà：家に帰る
□ ăn trưa：昼食を食べる

4日目 — 時制の表し方

71

> **基本構文**
>
> Aは〜したことがあります。
>
> 主語 A + đã từng +動詞（＋目的語）

基本フレーズ

Tôi đã từng đến đó.
トイ　ダ　トゥン　デン　ドー

私はそこに行ったことがあります。

ポイント解説

「A は〜したことがあります」は「A + đã từng +動詞（＋目的語）」で表現できます。例文の tôi は「私」、đến は「着く」、đó は「そこ」という意味です。

●**否定するとき**：「A は〜したことがありません」

「A + chưa từng +動詞（＋目的語）」

●**たずねるとき**：「A は〜したことがありますか？」

「A + đã + (từng) +動詞（＋目的語） + bao giờ chưa ?」
※ từng は少し強調したニュアンス。

＜構文＞

主語		動詞	目的語など

| Tôi
私 | + | đã từng | + | đến
着く | + | đó
そこ | . |

「私はそこに行ったことがあります」

1 私はハノイに住んだことがあります。

Tôi đã từng sống ở Hà Nội.
トイ　ダ　トゥン　ソン　オー　ハ　ノイ

2 私はブンボーフエを食べたことがあります。

Tôi đã từng ăn bún bò Huế.
トイ　ダ　トゥン　アン　ブン　ボー　フエ

3 私は彼に会ったことがあります。

Tôi đã từng gặp ông ấy.
トイ　ダ　トゥン　ガッ(プ)　オン　エイ

4 私はフエに行ったことがあります。

Tôi đã từng đi Huế.
トイ　ダ　トゥン　ディ　フエ

〈否定文・疑問文〉

1 私はフエに行ったことがありません。

Tôi chưa từng đi Huế.
トイ　チュア　トゥン　ディ　フエ

2 あなたは日本に行ったことがありますか？

Ông đã đi Nhật Bản bao giờ chưa?
オン(グ)　ダ　ディ　ニャッ(ト)　バン　バオ　ゾー　チュア

4日目

時制の表し方

単語の解説

□ đến：到着する、来る

□ đó：そこ、それ、その

□ sống：住む、生きる、生活する

□ ở：〜に、〜で

□ ăn：食べる

□ gặp：会う

□ đi：行く、向かう

□ ông：あなた
〔年配の男性に〕

□ Nhật Bản：日本

5日目

動詞、助動詞の使い方

基本構文

Aは〜したいです。

主語 **A** ＋ **muốn** ＋動詞（＋目的語）

- **基本フレーズ**

Tôi muốn đi Việt Nam.

トイ　ムオン　ディ ヴィエッ(ト)　ナム

私はベトナムに行きたいです。

- **ポイント解説**

「Aは〜したいです」は「A ＋ muốn ＋動詞（＋目的語）」で表現できます。例文の tôi は「私」、muốn は「〜したい」、đi は「行く」という意味です。

●**否定するとき**：「Aは〜したくありません」

「A ＋ không ＋ muốn ＋動詞（＋目的語）」

●**たずねるとき**：「Aは〜したいですか？」

「A ＋ có ＋ muốn ＋動詞（＋目的語）＋ không ?」

＜構文＞

主語		動詞		目的語

| Tôi 私 | ＋ | muốn 〜したい | ＋ | đi 行く | ＋ | Việt Nam ベトナム | . |

「私はベトナムに行きたいです」

76

CD 29

1 私はこれを買いたいです。

Tôi muốn mua cái này.

トイ　ムオン　ムア　カイ　ナイ

---

2 私はフォーを食べたいです。

Tôi muốn ăn phở.

トイ　ムオン　アン　フォー

---

3 私はベトナム茶を飲みたいです。

Tôi muốn uống chè　Việt　Nam.

トイ　ムオン　ウオン　チェ　ヴィエツ(ト)　ナム

---

4 私は映画を観に行きたいです。

Tôi muốn đi xem phim.

トイ　ムオン　ディ　セム　フィム

---

5 両替したいです。

Tôi muốn đổi tiền.

トイ　ムオン　ドイ　ティエン

---

6 彼女があなたに会いたがっています。

Chị ấy muốn gặp anh.

チ　エイ　ムオン　ガッ(フ)　アイン

単語の解説

□ đi：行く

□ xem：観る

□ phim：映画

□ mua：買う

□ cái này：これ

□ ăn：食べる

□ uống：飲む

□ chè：茶　※ trà〔南〕

□ đổi tiền：両替する

□ gặp：会う、遭遇する

基本構文	（どうぞ）〜してください。 **Mời** ＋ ２人称＋動詞（＋目的語） **Xin mời** ＋ ２人称＋動詞（＋目的語） **Làm ơn** ＋動詞（＋目的語）

---- **基本フレーズ** ----

Mời anh dùng chè.
モイ　アイン　ズン　チェ
お茶を召し上がってください。

---- **ポイント解説** ----

「(どうぞ)〜してください」は、いろいろな言い方があります。

「Mời」「Xin mời」は日本語の「どうぞ」と同じような意味と使い方で、「Làm ơn 〜」は「〜してください」「〜していただけませんか」と丁寧に依頼するときの表現です。

例文の anh は「あなた」〔同年代・年上の男性〕、dùng は「召し上がる」、chè は「お茶」です。南部で trà（お茶）も使われています。

＜構文＞

「お茶を召し上がってください」

78

1 入ってください。

Mời ông vào.

モイ　オン(グ)　ヴァオ

- -

2 座ってください。

Mời ông ngồi.

モイ　オン(グ)　ンゴイ

- -

3 皆さん、部屋に入ってください。

Xin mời mọi người vào phòng.

シン　モイ　モイ　ングオイ　ヴァオ　フォン

- -

4 タクシーを呼んでください。

Làm ơn gọi taxi giúp tôi

ラム　オン　ゴイ　タクシ　ズーッ(プ)　トイ

- -

5 写真を撮ってください。

Làm ơn chụp ảnh giúp tôi.

ラム　オン　チュッ(プ)　アイン　ズーッ(プ)　トイ

- -

6 もう一度言ってください。

Làm ơn nói lại một lần nữa.

ラム　オン　ノーイ　ライ　モッ(ト)　ラン　ヌーア

単語の解説

□ dùng：召し上がる、使う　　□ phòng：部屋

□ chè：お茶　　　　　　　　□ gọi：呼ぶ、（電話を）かける

□ vào：入る　　　　　　　　□ chụp ảnh：写真を撮る

□ ngồi：座る　　　　　　　□ nói：言う、話す

□ mọi người：皆さん　　　　□ một：1

> **基本構文**
>
> 〜してください。
> **Cho tôi ＋動詞〜**

基本フレーズ

Cho tôi đổi tiền.

チョ　トイ　ドイ ティエン

りょうがえ
両替してください。

ポイント解説

「Cho tôi ＋動詞」は「（私に）〜してください」と依頼すると
きの表現です。例文の đổi は「交換する」、tiền は「お金」で、
đổi tiền で「お金を交換する」つまり「両替する」です。

● **Cho tôi ＋名詞**：「〜をください」

お店で買い物をしたり、レストランで注文するときに「（私に）
〜をください」という意味で「Cho tôi ＋名詞」を使うことがで
きます。cho は「あげる、与える」、tôi は「私」という意味です。

例　Cho tôi 2 cái.　　　2 個ください。

　　Cho tôi hóa đơn.　　領収書をください。

〈構文〉

		人		動詞		
Cho	＋	tôi 私	＋	đổi 交換する	＋	tiền . お金

「両替してください」

(CD 31)

1 空港まで行ってください。〔タクシー〕

Cho tôi ra sân bay.
チョ　トイ　ザ　サン　バイ

2 メニューを見せてください。

Cho tôi xem thực đơn.
チョ　トイ　セム　トゥッ(ク) ドン

3 他のものを見せてください。

Cho tôi xem cái khác.
チョ　トイ　セム　カイ　ハッ(ク)

4 この住所に行ってください。〔タクシー〕

Cho tôi đến địa chỉ này.
チョ　トイ　デン ディア チー　ナイ

5 皆さんによろしくお伝えください。

Cho tôi gửi lời thăm mọi người.
チョ　トイ　グーイ ロイ　タム　モイ　ングオイ

6 ラムさんお願いします。〔電話で〕

Cho tôi nói chuyện với ông Lâm.
チョ　トイ　ノーイ　チュイ　ヴォイ オン　ラム

5日目 — 動詞、助動詞の使い方

単語の解説

□ đổi tiền：両替する　　　□ cái khác：他のもの

□ ra：〜に行く　　　□ đến：到着する

□ sân bay：空港　　　□ địa chỉ：住所

□ xem：見る　　　□ nói chuyện：話をする

□ thực đơn：メニュー　　　□ với：〜と

> 基本構文
>
> 〜しないでください。
>
> **Đừng ＋動詞（＋目的語）**
>
> **Xin đừng ＋動詞（＋目的語）**

--- **基本フレーズ** ---

Đừng đi đường vòng.

ドゥン ディ ドゥオン ヴォン

遠回りしないでください。〔タクシー〕

--- **ポイント解説** ---

「〜しないでください」は「Đừng ＋動詞〜」あるいは「Xin đừng ＋動詞〜」で表現できます。đừng は副詞で、禁止を表します。

例文の đi は「行く」、đường は「道路」、vòng は「ひと回り」という意味です。

● **Đừng để ＋人＋動詞〜**：「（人）に〜させないでください」

例　Đừng để mọi người đợi.　皆さんを待たせないでください。

＜構文＞

		動詞		目的語	
Đừng	＋	đi 行く	＋	đường 道路	＋ vòng ひと回り .

「遠回りしないでください」

82

1 砂糖を入れないでください。

Đừng cho đường vào.
ドゥン　チョ　ドゥオン　ヴァオ

---

2 氷を入れないでください。

Đừng cho đá vào.
ドゥン　チョ　ダー　ヴァオ

---

3 それに触らないでください。

Đừng sờ vào cái đó.
ドゥン　ソー　ヴァオ　カイ　ドー

---

4 ここにゴミを捨てないでください。

Đừng vứt rác ở đây.
ドゥン　ヴッ(ト)　ザッ(ク)　オー　デイ

---

5 気にしないでください。

Xin đừng để ý.
シン　ドゥン　デー　イ

---

6 心配しないでください。

Xin đừng lo.
シン　ドゥン　ロ

5日目 ── 動詞、助動詞の使い方

単語の解説

□ đi：行く

□ vòng：ひと回り

□ cho：与える、あげる

□ đường：砂糖

□ đá：氷

□ sờ：触る

□ vứt rác：ゴミを捨てる

□ ở đây：ここに

□ để ý：気にする、気にかける

□ lo：心配する

<table>
<tr><td>基本構文</td><td>

Ａは～することができます。

主語Ａ ＋ 動詞 ＋ được 「～することが可能である」

主語Ａ ＋ biết ＋ 動詞 学習や訓練で「～できる」

主語Ａ ＋ có thể ＋ 動詞 ＋ được 状況・条件で「～できる」
</td></tr>
</table>

---- **基本フレーズ** ----

Tôi nói được tiếng Việt.

トイ ノイ ドゥオッ(ク) ティエン ヴィエッ(ト)

私はベトナム語を話せます。

---- **ポイント解説** ----

「Ａは～することができる」はいろいろな言い方があります。例文の tôi は「私」、nói は「話す」、được は「～できる」、tiếng Việt は「ベトナム語」という意味です。

●**否定するとき**：「Ａは～することができません」
「Ａ ＋ không ＋動詞＋ được」「Ａ ＋ không biết ＋動詞」
「Ａ ＋ không thể ＋動詞＋ được」
●**たずねるとき**：「Ａは～することができますか？」
「Ａ ＋ có ＋動詞＋ được ＋ không?」「Ａ ＋ có biết ＋動詞＋ không?」
「Ａ ＋ có thể ＋動詞＋ được ＋ không?」

＜構文＞

主語		動詞				目的語
Tôi 私	＋	nói 話す	＋	được ～できる	＋	tiếng Việt ベトナム語

「私はベトナム語を話せます」

84

郵便はがき

112-0005

恐れ入りますが
切手を貼って
お出しください

東京都文京区水道 2-11-5

明日香出版社

プレゼント係行

感想を送っていただいた方の中から
毎月抽選で 10 名様に図書カード(1000 円分)をプレゼント!

ふりがな **お名前**	
ご住所	郵便番号 (　　　　　　) 電話 (　　　　　　　)
	都道 **府県**
メールアドレス	

明日香出版社ホームページ　https://www.asuka-g.co.jp

ご愛読ありがとうございます。
今後の参考にさせていただきますので、ぜひご意見をお聞かせください。

本書の
タイトル

| 年齢： 歳 | 性別：男・女 | ご職業： | 月頃購入 |

● 何でこの本のことを知りましたか？
① 書店　② コンビニ　③ WEB　④ 新聞広告　⑤ その他
(具体的には → 　　　　　　　　　　　　　　　　　　　　　　　)

● どこでこの本を購入しましたか？
① 書店　② ネット　③ コンビニ　④ その他
(具体的なお店 → 　　　　　　　　　　　　　　　　　　　　　　)

● 感想をお聞かせください

① 価格　　　　高い・ふつう・安い
② 著者　　　　悪い・ふつう・良い
③ レイアウト　悪い・ふつう・良い
④ タイトル　　悪い・ふつう・良い
⑤ カバー　　　悪い・ふつう・良い
⑥ 総評　　　　悪い・ふつう・良い

● 購入の決め手は何ですか？

● 実際に読んでみていかがでしたか？（良いところ、不満な点）

● その他（解決したい悩み、出版してほしいテーマ、ご意見など）

● ご意見、ご感想を弊社ホームページなどで紹介しても良いですか？

① 名前を出して良い　② イニシャルなら良い　③ 出さないでほしい

ご協力ありがとうございました。

1 私は泳ぐことができます。

Tôi biết bơi.

トイ ビエッ(ト) ボイ

---

2 私は車を運転することができます。

Tôi biết lái xe.

トイ ビエッ(ト) ライ セ

---

3 私はベトナム料理を食べられます。

Tôi ăn được món ăn Việt Nam.

トイ アンドゥオッ(ク) モン アン ヴィエッ(ト) ナム

---

4 彼は日本語を話せます。

Anh ấy nói được tiếng Nhật.

アイン エイ ノイ ドゥオッ(ク) ティエン ニャッ(ト)

---

5 今日、私は残業することができます。

Hôm nay tôi có thể làm ngoài giờ được.

ホム ナイ トイ コ テ ラム ンゴアイ ゾー ドゥオッ(ク)

---

6 ここで写真を撮ることができます。

Ở đây có thể chụp ảnh được.

オー デイ コ テ チュッ(プ) アインドゥオッ(ク)

単語の解説

□ nói：話す、言う

□ tiếng Việt：ベトナム語

□ bơi：泳ぐ

□ lái xe：車を運転する

□ ăn：食べる

□ món ăn：料理

□ tiếng Nhật：日本語

□ hôm nay：今日

□ làm：働く、する、作る

□ ngoài giờ：時間外

□ ở đây：ここで

□ chụp ảnh：写真を撮る

85

基本構文	〜してもいいですか？ 主語＋動詞句＋ được không? 主語＋ có thể ＋動詞句＋ được không?

- - ■ 基本フレーズ ■ - - - - - - - - - - - - - - - - -

Tôi mặc thử được không?

トイ　マッ(ク)　トゥ ドゥオッ(ク)　ホン

試着(しちゃく)してもいいですか？

- - ■ ポイント解説 ■ - - - - - - - - - - - - - - - - - -

　「A は〜してもいいですか？」は「A ＋動詞句＋ được không?」あるいは「A ＋ có thể ＋動詞句＋ được không?」で表現できます。

　例文の tôi は「私」、mặc は「着る」、thử は「試す」、được は「〜できる、〜してもよい」です。

　「動詞＋ thử」は「試しに〜してみる」で、mặc thử は「着る＋試す」→「着てみる、試着する」という意味です。

〈構文〉

主語		動詞				
Tôi 私	＋	mặc thử 着る 試す （試着する）	＋	được 〜できる 〜してもよい	＋	không ？

「試着してもいいですか？」

86

1 この本を借りてもいいですか？

Tôi mượn quyển sách này được không?

トイ　ムオン　クエン　サッ(ク)　ナイ　ドゥオッ(ク)　ホン

---

2 このペンを使ってもいいですか？

Tôi dùng cái bút này được không?

トイ　ズン　カイ　ブッ(ト)　ナイ　ドゥオッ(ク)　ホン

---

3 試食してもいいですか？

Tôi ăn thử được không?

トイ　アン　トゥ　ドゥオッ(ク)　ホン

---

4 ここに座ってもいいですか？

Tôi ngồi ở đây được không?

トイ　ンゴイ　オー　デイ　ドゥオッ(ク)　ホン

---

5 ここでタバコを吸ってもいいですか？

Ở đây có thể hút thuốc lá được không?

オー　デイ　コ　テェ　フッ(ト)　テュオッ(ク)　ラ　ドゥオッ(ク)　ホン

---

6 ちょっと電話をお借りしてもいいですか？

Tôi có thể mượn điện thoại một chút được không?

トイ　コ　テェ　ムオン　ディエントアイ　モッ(ト)　チュッ(ト)ドゥオッ(ク)　ホン

単語の解説

☐ mặc：着る

☐ 動詞＋ thử：試しに〜してみる

☐ mượn：借りる

☐ sách：本

☐ dùng：使う

☐ bút：ペン

☐ ăn：食べる

☐ ngồi：座る

☐ ở đây：ここに、ここで

☐ hút thuốc lá：タバコを吸う

☐ điện thoại：電話

☐ một chút：ちょっと、少し

> **基本構文**
>
> Aは～しなければなりません。
>
> 主語 A ＋ phải ＋動詞

基本フレーズ

Tôi phải đi làm.

トイ　ファイ　ディ　ラム

わたし しごと い
私は仕事に行かなければなりません。

ポイント解説

「Aは～しなければならない」は「A＋phải＋動詞」で表現できます。

例文の tôi は「私」、phải は「～しなければならない・すべき」、đi は「行く」、làm は「働く」です。「đi ＋動詞」は「～しに行く」で、đi làm は「行く＋働く」→「仕事に行く」という意味です。

●**否定するとき**：「A は～しなくてもよいです」

「A ＋ không phải ＋動詞」

●**たずねるとき**：「A は～しなければなりませんか？」

「A ＋ có phải ＋動詞＋ không？」

＜構文＞

主語		動詞
Tôi	phải	đi làm .
私	～しなければ ならない	行く 働く （仕事に行く）

＋ ＋

「私は仕事に行かなければなりません」

1 私は行かなければなりません。

Tôi phải đi.

トイ　ファイ　ディ

2 私は彼に連絡しなければなりません。

Tôi phải liên lạc với anh ấy.

トイ　ファイ　リエン　ラッ(ク)　ヴォイ アイン エイ

3 あなたは新宿駅で電車を乗り換えなきゃいけないよ。

Anh phải đổi tàu ở ga Shinjuku.

アイン　ファイ　ドイ　タウ　オーガ　シンジュク

4 あなたはすぐ行くべきです。

Anh phải đi ngay.

アイン　ファイ　ディ　ンガイ

5 彼らは制服を着なければなりません。

Họ phải mặc đồng phục.

ホ　ファイ　マッ(ク)　ドン　フッ(ク)

〈疑問文〉

1 そのレストランは予約をしなきゃいけないの？

Nhà hàng đó có phải đặt chỗ trước không?

ニャ　ハン　ド　コ　ファイ　ダッ(ト)　チョ　チュオッ(ク)　ホン

単語の解説

□ đi làm：仕事に行く
□ liên lạc：連絡する
□ đổi tàu：電車を乗り換える
□ ga：駅
□ mặc：着る

□ đồng phục.：制服
□ nhà hàng：レストラン
□ đó：その
□ đặt：予約する
□ chỗ：場所、席

5日目

動詞、助動詞の使い方

6日目

疑問詞のある文

基本構文	A は何ですか？ 主語 A + là gì?

---- **基本フレーズ** ----

Sở thích của anh là gì?

ソー　ティッ(ク)　クア　アイン　ラ ジー

あなたの趣味は何ですか？

---- **ポイント解説** ----

「A は何ですか？」とたずねるときは「A + là gì ?」の表現を
使います。

例文の sở thích は「趣味」、của は「〜の」、anh は「あなた」〔同
年代・年上の男性〕、là は「〜です」、gì は「何」という意味です。

<構文>

物など

Sở thích của anh 趣味　〜のあなた （あなたの趣味）	+	là 〜です	+	gì 何	?

「あなたの趣味は何ですか？」

92

1 あなたのお名前は何とおっしゃいますか？

Tên chị là gì?

テン　チ　ラ　ジー

---

2 あなたのお仕事は何ですか？

Công việc của chị là gì?

コーン　ヴィエッ(ク)　クア　チ　ラ　ジー

---

3 これは何ですか？〔物〕

Cái này là cái gì?

カイ　ナイ　ラ　カイ　ジー

<参考>

1 あなたは何を買ったの？

Chị đã mua gì?

チ　ダ　ムア　ジー

---

2 あなたは何をしているの？

Chị đang làm gì?

チ　ダン　ラム　ジー

---

3 これはベトナム語で何と言いますか？

Cái này tiếng Việt gọi là gì?

カイ　ナイ　ティエン　ヴィエッ(ト)　ゴイ　ラ　ジー

単語の解説

□ sở thích：趣味
□ tên：名前
□ công việc：仕事
□ cái này：これ〔物〕
□ đã ＋動詞句：〜した

□ mua：買う
□ đang ＋動詞句：〜している
□ làm：する
□ tiếng Việt：ベトナム語
□ gọi：呼ぶ

基本構文

A は誰ですか?

主語 A + là ai?

■ 基本フレーズ ■

Anh ấy là ai?
アイン エイ ラ アイ

かれ だれ
彼は誰ですか?

■ ポイント解説 ■

「A は誰ですか?」とたずねるときは「A + là ai ?」の表現を使います。

例文の anh ấy は「彼」〔同年代・年上〕、là は「〜です」、ai は「誰」という意味です。

＜構文＞

人物

Anh ấy		là		ai	?
彼	＋	〜です	＋	誰	

「彼は誰ですか?」

1 彼女は誰ですか？

Chị ấy là ai?

チ　エイ　ラ　アイ

---

2 あの女の子は誰ですか？

Cô bé đó là ai?

コ　ベ　ド　ラ　アイ

---

3 彼女の恋人は誰ですか？

Người yêu của cô ấy là ai?

ングオイ　イェウ　クア　コ　エイ　ラ　アイ

＜参考＞ ai が主語、目的語のとき

1 誰がこの事をするの？

Ai làm việc này?

アイ　ラム　ヴィエッ(ク)　ナイ

---

2 あなたは誰に会いたいですか？

Anh muốn gặp ai?

アイン　ムオン　ガッ(プ)　アイ

---

3 ここの担当者は誰ですか？

Ai là người phụ trách ở đây?

アイ　ラ　ングオイ　フ　チャッ(ク)　オー　デイ

単語の解説

□ cô bé：女の子
〔cô は女性を表す。bé：子供〕
□ đó：そこ
□ người yêu：恋人
〔người：人、yêu：愛する〕
□ làm：する

□ việc：仕事、用事
□ ～ này：この～
□ muốn ＋動詞句：～したい
□ gặp：会う
□ người：人
□ phụ trách：担当する、責任を負う

> **基本構文**
>
> Aはどこですか?／Aはどこにありますか?
>
> 名詞 **A + ở đâu?**

基本フレーズ

Quầy đổi tiền ở đâu?

クアイ　ドイ ティエン オー　ダウ

両替所はどこですか?

ポイント解説

「Aはどこですか?」「Aはどこにありますか?」とたずねる
ときは「A + ở đâu?」の表現を使います。

例文の quầy đổi tiền は「両替所」、ở は「〜に・〜で」、đâu
は「どこ」という意味です。

<構文>

名詞

Quầy đổi tiền			ở		đâu ?
窓口 交換する お金			〜に		どこ
(両替所)					

+ ở + đâu

「両替所はどこですか?」

1 チケット売り場はどこですか？

Quầy bán vé ở đâu?
クアイ　バン　ヴェ　オー　ダウ

2 トイレはどこですか？

Nhà vệ sinh ở đâu?
ニャ　ヴェ　シン　オー　ダウ

3 ハンガイ通りはどこですか？

Phố Hàng Gai ở đâu?
フォー　ハン　ガイ　オー　ダウ

4 病院はどこですか？

Bệnh viện ở đâu?
ベイン　ヴィエン　オー　ダウ

5 日本大使館はどこですか？

Đại sứ quán Nhật Bản ở đâu?
ダイ　スー　クアン　ニャッ(ト)　バン　オー　ダウ

〈参考〉

1 どこのフォーがおいしいですか？

Phở ở đâu ngon?
フォー　オー　ダウ　ンゴン

6日目 — 疑問詞のある文

単語の解説

□ quầy đổi tiền：両替所
〔quầy：窓口、đổi tiền：両替する〕
□ quầy bán vé：チケット売り場
〔bán：売る、vé：チケット〕
□ nhà vệ sinh：トイレ

□ phố：通り、道
□ bệnh viện：病院
□ Đại sứ quán Nhật Bản：日本大使館
□ Nhật Bản：日本

97

基本構文

Aはいつ〜しますか？

Bao giờ ＋主語 A ＋動詞（＋目的語）？

Khi nào ＋主語 A ＋動詞（＋目的語）？

- - 基本フレーズ -

Bao giờ anh về nước?

バオ　ゾ　アイン　ヴェ　ヌオッ(ク)

あなたはいつ帰国しますか？

- - ポイント解説 -

「Aはいつ〜しますか？」とたずねるときは「Bao giờ ＋ A ＋
動詞〜?」あるいは「Khi nào ＋ A ＋動詞〜?」の表現を使います。

例文の bao giờ は「いつ」、anh は「あなた」〔同年代・年上の男性〕、
về は「帰る」、nước は「国」という意味です。

●**過去のことをたずねるとき：「Aはいつ〜しましたか？」**
「A ＋動詞＋ bao giờ ?」
「A ＋動詞＋ khi nào ?」

＜構文＞

	主語	動詞（＋目的語）
Bao giờ	anh	về nước ？
いつ	あなた	帰る　国
		（帰国する）

「あなたはいつ帰国しますか？」

1 あなたはいつベトナムに行きますか？

Bao giờ anh đi Việt Nam?
バオ　　ゾ　　アイン ディ ヴィエッ(ト) ナム

2 あなたはいつ卒業するの？

Bao giờ em tốt nghiệp?
バオ　　ゾ　　エム トッ(ト) ンギェッ(プ)

3 あなたはいつ彼に会うのですか？

Khi nào anh gặp anh ấy?
ヒ　　ナオ　アイン ガッ(プ) アイン エイ

<過去のことを聞くとき>

1 あなたはいつ日本に来たの？

Em đến Nhật Bản bao giờ?
エム　デン ニャッ(ト) バン　バオ　　ゾ

2 あなたはいつ彼女に会ったの？

Anh gặp chị ấy khi nào?
アイン ガッ(プ) チ エイ ヒ　　ナオ

3 あなたはいつからベトナム語を勉強しましたか？

Anh học tiếng Việt từ bao giờ?
アイン ホッ(ク) ティエン ヴィエッ(ト) トゥ　バオ　　ゾ

単語の解説

□ về：帰る

□ nước：国、水

□ đi：行く

□ em：あなた〔年下の男女〕

□ tốt nghiệp：卒業する

□ gặp：会う

□ đến：来る

□ Nhật Bản：日本

□ học：勉強する

□ từ：〜から

> どれが A ですか？／どちらが A ですか？
>
> **Cái nào ＋ là ＋名詞 A ？** 〔物〕
>
> **Con nào ＋ là ＋名詞 A ？** 〔生き物〕
>
> **Cái nào ＋形容詞 A ？** 〔物〕
>
> **Con nào ＋形容詞 A ？** 〔生き物〕

基本構文

基本フレーズ

Cái nào ngon?
カイ　ナオ　ンゴン

どれがおいしいですか？

ポイント解説

　「どれが A ですか？」「どちらが A ですか？」とたずねるとき、A が名詞の場合は「Cái nào là A?」あるいは「Con nào là A?」を使います。A が形容詞の場合は「Cái nào A?」あるいは「Con nào A?」を使います。cái nào は物に対して、con nào は生き物に対して使われます。

　例文の cái nào は「どれ」、ngon は「おいしい」という意味です。

<構文>

形容詞

| Cái nào | ＋ | ngon | ？ |
| どれ | | おいしい | |

「どれがおいしいですか？」

1 どれが安いですか？

Cái nào rẻ?

カイ　ナオ　ゼー

---

2 どれが私に似合いますか？

Cái nào hợp với tôi?

カイ　ナオ　ホッ(プ)　ヴォイ　トイ

---

3 どちらがジャコウネコですか？

Con nào là con Chồn?

コン　ナオ　ラ　コン　チョン

---

4 どちらがあなたのですか？

Cái nào là của anh?

カイ　ナオ　ラ　クア　アイン

<参考>

1 あなたはどれ〔どちら〕を買いたい？

Anh muốn mua cái nào?

アイン　ムオン　ムア　カイ　ナオ

---

2 これとあれでは、あなたはどちらが好き？

Cái này và cái kia, anh thích cái nào?

カイ　ナイ　ヴァ　カイ　キア　アイン　テイッ(ク)　カイ　ナオ

6日目

疑問詞のある文

単語の解説	
□ ngon：おいしい	□ muốn ＋動詞句：〜したい
□ rẻ：安い	□ mua：買う
□ hợp：合う、似合う	□ 〜 và …：〜と…
□ với：〜と	□ cái này：これ
□ Chồn：ジャコウネコ	□ cái kia：あれ
□ của：〜の　※所有や所属を表す	□ thích：好き

> ## 基本構文
>
> A はどうですか？／A はいかがですか？
>
> 名詞 A ＋ thế nào?

基本フレーズ

Trời hôm nay thế nào?
チョイ　ホム　ナイ　テ　ナオ

今日(きょう)の天気(てんき)はどうですか？

ポイント解説

「〜はどうですか？」「〜はいかがですか？」とたずねるときは「〜 thế nào?」を使います。例文の trời は「空、天気」、hôm nay は「今日」、thế nào は「どのような、いかが」という意味です。

●天気の表し方

　例　Trời nắng.　　晴れている。

　　　Trời mây.　　曇っている。

　　　Trời mưa.　　雨が降っている。

●やり方をたずねるとき：

「A はどうやって〔どのように〕〜しますか？」とたずねるときは、thế nào を使って「A ＋動詞＋ thế nào?」で表現できます。

　例　Món này ăn thế nào?

　　　この料理はどうやって食べるのですか？

＜構文＞

　　　　　　　　名詞

Trời hôm nay　　　　　　　thế nào　　?
天気　　今日　　　　＋　　どのような
（今日の天気）

　　　「今日の天気はどうですか？」

1 お仕事はどうですか？

Công việc của anh thế nào?

コン　ヴィエッ(ク) クア　アイン　テ　　ナオ

---

2 ベトナム語はどうですか？

Tiếng Việt thế nào?

ティエン　ヴィエッ(ト)　テ　　ナオ

---

3 ベトナム料理はいかがですか？

Món ăn Việt Nam thế nào?

モン　アン　ヴィエッ(ト)　ナム　　テ　　ナオ

― とてもおいしいです。

Rất ngon.

ザッ(ト)　ンゴン

---

4 ご家族はいかがですか？

Gia đình anh thế nào?

ザ　　ディン　アイン　テ　　ナオ

― 皆、元気です。

Mọi người đều khoẻ.

モイ　ングオイ　デウ　ホエ

6日目
疑問詞のある文

単語の解説

□ trời：空、天気

□ hôm nay：今日

□ công việc：仕事

□ của anh：あなたの

□ tiếng Việt：ベトナム語

□ món ăn：料理

□ rất：とても

□ ngon：おいしい

□ gia đình：家族

□ mọi người：皆

□ đều：同じように

□ khoẻ：元気な

基本構文

> なぜ〔どうして〕Aは〜するのですか？
>
> なぜ〔どうして〕Aは〜したのですか？
>
> **Vì sao ＋主語A ＋動詞（＋目的語）?**
>
> **Tại sao ＋主語A ＋動詞（＋目的語）?**

基本フレーズ

Vì sao anh nghĩ như thế?
ヴィ　サオ　アイン　ンギ　ニュ　テ

なぜあなたはそう思うの？

ポイント解説

「なぜ〔どうして〕Aは〜するのですか？」とたずねるときは、「Vì sao ＋ A ＋動詞〜?」あるいは「Tại sao ＋ A ＋動詞〜?」の表現を使います。Tại sao ~ よりも Vì sao ~ のほうがソフトな言い方です。

例文の vì sao は「なぜ」、anh は「あなた」〔同年代・年上の男性〕、nghĩ は「思う」、như thế は「そのように」という意味です。

＜構文＞

		主語	動詞	
Vì sao	＋	anh	nghĩ	＋ như thế ?
なぜ		あなた	思う	〜のように そう（そのように）

「なぜあなたはそう思うの？」

1 どうして彼はそう言ったの？

Tại sao anh ấy nói thế?

タイ　サオ　アイン エイ ノイ　テェ

---

2 なぜあなたはハノイに行ったの？

Vì sao anh đi Hà Nội?

ヴィ　サオ　アイン ディ ハ　　ノイ

— 出張だったから。

Vì tôi đi công tác.

ヴィ トイ ディ　コン　タッ(ク)

---

3 どうしてあなたは ABC 社で働きたいの？

Tại sao anh muốn làm việc ở công ty ABC?

タイ　サオ　アイン　ムオン　　ラム ヴィエッ(ク) オー コン　ティ アベセ

---

4 なぜあなたは彼女を知っているのですか？

Sao anh biết chị ấy?

サオ　アイン ビエッ(ト) チ　エイ

---

5 なぜ彼女はベトナムに行きたいの？

Sao chị ấy muốn đi Việt Nam?

サオ　　チ　エイ　ムオン　ディ ヴィエッ(ト) ナム

単語の解説

☐ anh：あなた〔同年代・年上の男性〕

☐ nghĩ：思う

☐ như thế：そのように

☐ nói：言う

☐ đi：行く

☐ công tác：出張する、仕事する

☐ muốn ＋動詞句：〜したい

☐ làm việc：仕事をする、働く

☐ công ty：会社

☐ biết：知っている

7日目

会話　実践編

① こんにちは。　　　〔年配の男性に。ông「あなた」〕

② こんにちは。　　　〔年配の女性に。bà「あなた」〕

③ こんにちは。　　　〔年上・同年代の男性に。anh「あなた」〕

④ こんにちは。　　　〔年上・同年代の女性に。chị「あなた」〕

⑤ お元気ですか？　　〔年上・同年代の男性に。anh「あなた」〕

⑥ お元気ですか？　　〔年上・同年代の女性に。chị「あなた」〕

⑦ 元気です。

⑧ 久しぶりですね。

⑨ 元気？

⑩ 私も元気です。

Chào ông.
チャオ　オン

Chào bà.
チャオ　バ

Chào anh.
チャオ　アイン

Chào chị.
チャオ　チ

Anh có khỏe không?
アイン　コ　ホエ　　ホン

Chị có khỏe không?
チ　コ　ホエ　　ホン

Tôi khỏe.
トイ　　ホエ

Lâu lắm không gặp nhỉ.
ラウ　ラム　　ホン　　ガッ(フ)　ニー

（Có） khỏe không?
コ　　ホエ　　ホン

Tôi cũng khỏe.
トイ　クン　　ホエ

① さようなら。

② また会いましょう。

③ どうぞお元気で。 〔年上・同年代の男性に。anh「あなた」〕

④ どうぞお元気で。 〔年上・同年代の女性に。chị あなた」〕

⑤ お気をつけて。

⑥ どうぞご無事で。

⑦ ラム氏によろしく。

⑧ 皆さんによろしく。

⑨ では失礼します。 〔退出するとき〕

⑩ お先に失礼します。〔先に退出するとき〕

Xin tạm biệt.
シン　タム　ビエッ(ト)

Hẹn gặp lại.
ヘン　ガッ(プ)　ライ

Mong anh giữ gìn sức khỏe.
モン　アイン　ズー　ジン　スッ(ク)　ホエ

Mong chị giữ gìn sức khỏe.
モン　チ　ズー　ジン　スッ(ク)　ホエ

Đi cẩn thận nhé.
ディ　カン　タン　ニェ

Chúc thượng lộ bình an.
チュッ　テュオン　ロ　ビン　アン

Cho tôi gửi lời thăm ông Lâm.
チョ　トイ　グイ　ロイ　タム　オン　ラム

Cho tôi gửi lời thăm mọi người.
チョ　トイ　グイ　ロイ　タム　モイ　ングオイ

Tôi xin phép đi về.
トイ　シン　フェッ(プ)　ディ　ヴェー

Tôi xin phép về trước.
トイ　シン　フェッ(プ)　ヴェー　チュオッ(ク)

<お礼>

① ありがとう。

② ありがとうございます。

③ 手伝ってくれてありがとう。

④ お招きいただきありがとう。

⑤ どういたしまして。

<おわび>

⑥ ごめんなさい。

⑦ 本当にごめんなさい。

⑧ いいえ。

⑨ いいえ、ご心配なく。

⑩ 遅れてごめんなさい。

Cảm ơn.
カム　オン

Rất cảm ơn.
ザッ(ト) カム　オン

Rất cảm ơn vì đã giúp tôi.
ザッ(ト) カム　オン ヴィ ダ　ズッ(プ) トイ

Rất cảm ơn vì đã mời tôi.
ザッ(ト) カム　オン ヴィ ダ　モイ　トイ

Không có gì.
ホン　　コ　ジ

Xin lỗi.
シン　ロイ

Thành thật xin lỗi.
タイン　タッ(ト) シン ロイ

Không sao.
ホン　　サーオ

Không sao, xin đừng lo.
ホン　　サーオ　シン ドゥーン　ロ

Xin lỗi vì đã đến muộn.
シン　ロイ ヴィ ダ　デン　　ムオン

7日目──会話　実践編

① おめでとう。　〔年上・同年代の男性に。anh「あなた」〕

② おめでとう。　〔年上・同年代の女性に。chị「あなた」〕

③ 新年おめでとうございます。

④ お誕生日おめでとうございます。

⑤ ご結婚おめでとうございます。
　　　　　　〔年上・同年代の男性に。anh「あなた」〕

⑥ ご結婚おめでとうございます。
　　　　　　〔年上・同年代の女性に。chị「あなた」〕

⑦ ご出産おめでとうございます。

⑧ ご就職おめでとうございます。
　　　　　　〔年上・同年代の男性に。anh「あなた」〕

⑨ ご就職おめでとうございます。
　　　　　　〔年上・同年代の女性に。chị「あなた」〕

⑩ 幸運を祈ります。

Chúc mừng anh.
チュッ（ク）　ムン　アイン

Chúc mừng chị.
チュッ（ク）　ムン　チ

Chúc mừng năm mới.
チュッ（ク）　ムン　ナン　モイ

Chúc mừng sinh nhật.
チュッ（ク）　ムン　シン　ニャッ（ト）

Chúc mừng lễ thành hôn của anh.
チュッ（ク）　ムン　レ　タイン　ホン　クア　アイン

Chúc mừng lễ thành hôn của chị.
チュッ（ク）　ムン　レ　タイン　ホン　クア　チ

Chúc mừng chị mới sinh cháu.
チュッ（ク）　ムン　チ　モイ　シン　チャオ

Chúc mừng anh có việc làm.
チュッ（ク）　ムン　アイン　コ　ヴィエッ（ク）ラム

Chúc mừng chị có việc làm.
チュッ（ク）　ムン　チ　コ　ヴィエッ（ク）ラム

Chúc anh may mắn.
チュッ（ク）　アイン　マイ　マン

① はい。

② いいえ。

③ ええ、そうです。

④ いいえ、違います。

⑤ いいですよ。

⑥ だめです。

⑦ そう思います。

⑧ そう思いません。

⑨ 私は知っています。

⑩ 私は知りません。

Vâng.
ヴァン

Không.
ホン

Dạ, vâng.
ザ　ヴァン

Dạ, không ạ.
ザ　ホン　ア

Được.
ドゥオッ(ク)

Không được.
ホン　ドゥオッ(ク)

Tôi nghĩ thế. ／ Tôi nghĩ vậy.〔南〕
トイ　ンギ　テェ　　　トイ　ンギ　ヴァイ

Tôi không nghĩ thế. ／ Tôi không nghĩ vậy.〔南〕
トイ　ホン　ンギ　テェ　　　トイ　ホン　ンギ　ヴァイ

Tôi biệt.
トイ　ビエッ(ト)

Tôi không biệt.
トイ　ホン　ビエッ(ト)

① あります。／います。

② ありません。／いません。

③ 賛成_{さんせい}です。

④ 反対_{はんたい}です。

⑤ 好_すきです。

⑥ 嫌_{きら}いです。

⑦ お金_{かね}を持_もっています。

⑧ お金_{かね}を持_もっていません。

⑨ いりません。／結構_{けっこう}です。

⑩ 無理_{むり}です。

Có.
コ

Không có.
ホン　コ

Tôi tán thành. ／ Tôi đồng ý.
トイ　ターン　タイン　　　トイ　ドーン　イ

Tôi phản đối.
トイ　ファン　ドイ

Tôi thích.
トイ　ティッ(ク)

Tôi ghét.
トイ　ゲーッ(ト)

Tôi có tiền.
トイ　コ　ティエン

Tôi không có tiền.
トイ　ホン　コ　ティエン

Không cần.
ホン　　カン

Không thể.
ホン　　テェ

① できます。

② できません。

③ わかります。

④ わかりません。

⑤ ひらがなを読めますか？

⑥ 漢字を読めますか？

⑦ 日本語はわかりますか？

⑧ 日本語を話せますか？

⑨ 英語を話せますか？

⑩ 英語を話せません。

⑪ 私はベトナム語を少し話せます。

Làm được.
ラム　ドゥオッ(ク)

Không làm được.
ホン　　ラム　ドゥオッ(ク)

Tôi hiểu.
トイ　ヒウ

Tôi không hiểu.
トイ　　ホン　　ヒウ

Bạn đọc được chữ Hiragana không?
バン　ドッ(ク)ドゥオッ(ク)チュ　　ヒラガナ　　ホン

Bạn đọc được chữ Kanji không?
バン　ドッ(ク)　ドゥオッ(ク)チュ　　カンジ　　ホン

Bạn hiểu được tiếng Nhật không?
バン　　ヒウ　ドゥオッ(ク)ティエン　ニャッ(ト)　ホン

Bạn nói được tiếng Nhật không?
バン　ノイ ドゥオッ(ク)ティエン　ニャッ(ト)　　ホン

Bạn nói được tiếng Anh không?
バン　ノイ ドゥオッ(ク)ティエン　アイン　　ホン

Tôi không nói được tiếng Anh.
トイ　　ホン　　ノイ　ドゥオッ(ク)ティエン　アイン

Tôi nói được môt chút tiếng Việt.
トイ　ノイ ドゥオッ(ク)モッ(ト)　チュッ(ト)　ティエン ヴィエッ(ト)

① あなたはどちらの国の方ですか？

〔年上・同年代の男性に。anh「あなた」〕

② 私は日本人です。

③ 山田ケンと申します。

④ お会いできてうれしいです。

〔年上・同年代の男性に。anh「あなた」〕

⑤ お会いできてうれしいです。

〔年上・同年代の女性に。chị「あなた」〕

⑥ どうぞよろしく。

⑦ こちらこそ、どうぞよろしく。

⑧ あなたはどこから来たのですか？

〔年上・同年代の男性に。anh「あなた」〕

⑨ 私は東京から来ました。

⑩ 私は仕事で来ました。

⑪ 私は観光で来ました。

Anh là người nước nào?
アイン ラ ングオイ ヌオッ(ク) ナオ

Tôi là người Nhật.
トイ ラ ングオイ ニャッ(ト)

Tôi là Yamada Ken.
トイ ラ ヤマダ ケン

Rất vui được gặp anh.
ザッ(ト) ヴイ ドゥオッ(ク) ガッ(プ) アイン

Rất vui được gặp chị.
ザッ(ト) ヴイ ドゥオッ(ク) ガッ(プ) チ

Hân hạnh.
ハン ハイン

Rất hân hạnh.
ザッ(ト) ハン ハイン

Anh đến từ đâu?
アイン デン トゥ ダウ

Tôi đến từ Tokyo.
トイ デン トゥ トキョー

Tôi đến (để) làm việc.
トイ デン デ ラム ヴィエッ(ク)

Tôi đến đây (để) du lịch.
トイ デン デイ デ ズゥ リッ(ク)

① 失礼ですが、あなたのお名前は何ですか？
〔年上・同年代の女性に。chị「あなた」〕

② 私の名前は小田ユミです。

③ あなたは何歳ですか？〔年上・同年代の男性に。anh「あなた」〕

④ 私は 30 歳です。

⑤ あなたのお仕事は何ですか？
〔年上・同年代の女性に。chị「あなた」〕

⑥ 私は会社員です。

⑦ ご出身はベトナムのどちらですか？
〔同年代の人に。bạn「あなた」〕

⑧ ハノイ出身です。

⑨ 日本に来てどのくらい経ちますか？
〔同年代の人に。bạn「あなた」〕

⑩ 来て 1 ヶ月くらい経ちました。

Xin lỗi, tên chị là gì?
シン ロイ テン チ ラ ジ

Tên tôi là Oda Yumi.
テン トイ ラ オダ ユミ

Anh bao nhiêu tuổi?
アイン バオ ニエウ トゥオイ

Tôi 30 tuổi. ※ 30：ba mươi
トイ バ ムオイ トゥオイ

Công việc của chị là gì? ／ Chị làm gì?
コン ヴィエッ(ク) クア チ ラ ジ チ ラム ジ

Tôi là nhân viên công ty.
トイ ラ ニャン ヴィエン コン ティ

Ở Việt Nam, quê bạn ở đâu?
オ ヴィエッ(ト) ナム クエ バン オー ダウ

Quê tôi ở Hà Nội.
クエ トイ オー ハ ノイ

Bạn đến Nhật Bản lâu chưa?
バン デン ニャッ(ト) バン ラウ チュア

Tôi đến được 1 tháng rồi. ※ 1：một
トイ デン ドゥオッ(ク) モッ(ト) タン ゾイ

① もう恋人がいますか？ 〔年上・同年代の女性に。chị「あなた」〕

② 恋人がいます。

③ まだ恋人がいません。

④ もう結婚していますか？（ご家庭がありますか？）
〔年上・同年代の女性に。chị「あなた」〕

⑤ 結婚しています。（家庭があります。）

⑥ まだ結婚していません。

⑦ 子供がいます。

⑧ ご家族はどこに住んでいますか？

⑨ 家族はハノイに住んでいます。

⑩ 私の家族は5人います。

Chị có người yêu chưa?
チ　コ　ングオイ　イウ　チュア

Tôi có người yêu rồi.
トイ　コ　ングオイ　イウ　ゾイ

Tôi chưa có người yêu.
トイ　チュア　コ　ングオイ　イウ

Chị đã có gia đình chưa?
チ　ダー　コ　ザー　ディン　チュア

Tôi có gia đình rồi.
トイ　コ　ザー　ディン　ゾイ

Tôi chưa có gia đình.
トイ　チュア　コ　ザー　ディン

Tôi có con rồi.
トイ　コ　コン　ゾイ

Gia đình chị sống ở đâu?
ザー　ディン　チ　ソン　オー　ダウ

Gia đình tôi ở Hà Nội.
ザー　ディン　トイ　オー　ハ　ノイ

Gia đình tôi có 5 người.
ザー　ディン　トイ　コ　ナム　ングオイ

① もしもし。

② ラムさん〔男性〕のお宅ですか？

③ どちらさまですか？

④ 私は山田と申します。

⑤ ラムさん、お願いします。

⑥ ラムさんは今、外出中です。

⑦ また後で電話します。

⑧ では失礼します。

⑨ もしもし。ゴン・レストランですか？

⑩ 今晩5人で予約をしたいです。

Alô.
アロ

Có phải nhà ông Lâm không ạ?
コ　ファイ　ニャー　オン　ラム　　ホン　　ア

Xin lỗi ai đó?
シン　ロイ　アイ　ド

Tôi là Yamada.
トイ　ラ　　ヤマダ

Cho tôi nói chuyện với ông Lâm.
チョ　トイ　ノイ　　チュェン　ヴォイ　オン(グ)　ラム

Ông Lâm bây giờ đi vắng rồi.
オン　　ラム　　ベイ　ゾー　ディ　ヴァン　ゾイ

Tôi sẽ gọi lại sau.
トイ　セー　ゴイ　ライ　サウ

Tạm biệt.
タム　ビエッ(ト)

Alô. Có phải nhà hàng Ngon không ạ?
アロ　　コ　ファイ　ニャー　ハン　　ンゴン　　ホン　　ア

Tôi muốn đặt bàn cho 5 người tối nay.
トイ　　ムオン　ダッ(ト)　バン　チョ　ナム　ングオイ　トイ　ナイ

① ごめんください。

② いらっしゃい。　　　　　〔年上・同年代の男性に。anh「あなた」〕

③ よくいらっしゃいました。〔年上・同年代の女性に。chị「あなた」〕

④ どうぞお入りください。　〔年上・同年代の男性に。anh「あなた」〕

⑤ おかけください。　　　　〔年上・同年代の女性に。chị「あなた」〕

⑥ お茶をどうぞ。　　　　　〔年上・同年代の女性に。chị「あなた」〕

⑦ どうぞ召し上がって。

⑧ どうぞご遠慮なく。

⑨ いただきます。

⑩ どうぞおかまいなく。

Xin lỗi.
シン ロイ

Mời anh vào.
モイ アイン ヴァオ

Rất hân hạnh được đón tiếp chị.
ザッ(ト) ハン ハイン ドゥオッ(ク) ドン ティエッ(プ) チ

Xin mời anh vào nhà.
シン モイ アイン ヴァオ ニャー

Mời chị ngồi.
モイ チ ンゴイ

Mời chị dùng chè. ／ Mời chị uống trà.
モイ チ ズン チェ　　　モイ チ ウォン チャ

Xin mời.
シン モイ

Xin đừng ngại.
シン ドゥン ンガイ

Xin phép.
シン フェッ(プ)

Xin đừng bận tâm.
シン ドゥン バン タム

① ここはどこですか？

② 私（わたし）は道（みち）に迷（まよ）ってしまいました。

③ ハンガイ通（どお）りはどこにありますか？

④ 右（みぎ）に曲（ま）がります。

⑤ 左（ひだり）に曲（ま）がります。

⑥ 私（わたし）はハノイ駅（えき）へ行（い）きたいです。

⑦ まっすぐ行（い）きます。

⑧ 私（わたし）はバスで行（い）きたいです。

⑨ 銀行（ぎんこう）はどこですか？

⑩ ベンタイン市場（いちば）はどこですか？

⑪ どうやって行（い）くのですか？

Đây là chỗ nào?
デイ　ラ　チョー　ナオ

Đây là đâu?
デイ　ラ　ダウ

Tôi bị lạc đường.
トイ　ビ　ラッ(ク)　ドゥオン

Phố Hàng Gai ở đâu?
フォー　ハン　ガイ　オー　ダウ

Rẽ phải.
ゼー　ファイ

Rẽ trái.
ゼー　チャーイ

Tôi muốn ra ga Hà Nội.
トイ　ムオン　ザ　ガ　ハ　ノイ

Đi thẳng.
デイ　タン

Tôi muốn đi bằng xe buýt.
トイ　ムオン　デイ　バン　セ　ブイッ(ト)

Ngân hàng ở đâu?
グァン　ハン　オー　ダウ

Chợ Bến Thành ở đâu?
チョ　ベン　タイン　オー　ダウ

Đi (như) thế nào?
デイ　ニュ　テ　ナオ

① 私はサイゴンに行きたいです。

② サイゴン行きの切符を2枚ください。

③ どこで乗り換えますか？

④ バス乗り場はどこですか？

⑤ キムマ行きのバスは何番ですか？

⑥ どのくらい時間がかかりますか？

⑦ 歩いてどのくらいかかりますか？

⑧ 遠いですか？

⑨ 近いですか？

⑩ タクシーを呼んでください。

※ベトナム南部の地元では Sài Gòn の地名も日常使われています。

Tôi muốn đi Sài Gòn.
トイ　ムオン　ディ　サイ　ゴン

Cho tôi 2 vé đi Sài Gòn.
チョ　トイ　ハイ　ヴェ　ディ　サイ　ゴン

Đổi tàu ở đâu?
ドイ　タウ　オー　ダウ

Bến xe buýt ở đâu?
ベン　セ　ブイッ(ト)　オー　ダウ

Xe buýt đi Kim Mã là xe số mấy?
セ　ブイッ(ト)　ディ　キム　マー　ラ　セ　ソー　マイ

Mất khoảng bao lâu?
マッ(ト)　ホアン　バオ　ラウ

Đi bộ mất khoảng bao lâu?
ディ　ボー　マッ(ト)　ホアン　バオ　ラウ

Có xa không?
コ　サ　ホン

Có gần không?
コ　ガン　ホン

Làm ơn gọi taxi giúp tôi.
ラム　オン　ゴイ　タクシー　ズッ(プ)　トイ

① メニューを見せてください。

② 私はベトナム料理を食べたいです。

③ どれがおいしいですか？

④ これは辛いですか？

⑤ これは何という料理ですか？

⑥ 2個ください。

⑦ これをどうやって食べるのですか？

⑧ とてもおいしいです。

⑨ お勘定をお願いします。

⑩ 全部でいくらですか？

Cho tôi xem thực đơn.
チョ　トイ　セム　トゥッ(ク)　ドン

Tôi muốn ăn món Việt　Nam.
トイ　ムオン　アン　モン　ヴィエッ(ト)　ナム

Cái nào ngon?
カイ　ナオ　ンゴン

Cái này cay không?
カイ　ナイ　カイ　　ホン

Món này là món gì?
モン　ナイ　ラ　モン　ジ

Cho tôi 2　cái.
チョ　トイ　ハイ　カイ　　※2：hai

Ăn món này thế nào?
アン　モン　ナイ　テー　ナオ

Rất ngon.
ザッ　ンゴン

Tính tiền cho tôi đi.
ティン　ティエン　チョ　トイ　ディ

Tất　cả là bao nhiêu tiền?
タッ(ト)　カー　ラ　バオ　　ニエウ　ティエン

① コーヒーをください。

② 紅茶をください。

③ タバコを吸ってもいいですか？

④ 私はベトナム茶を飲みたいです。

⑤ 私はフォーを食べたいです。

⑥ 食べましょう。／飲みましょう。

⑦ 食べましょう。／飲みましょう。
〔年上・同年代の男性に。anh「あなた」〕

⑧ 乾杯！

⑨ 私たちの健康に！

⑩ ネップモイのお酒を飲んでみたいです。

Cho tôi cà phê.
チョ　トイ　カ　フェ

Cho tôi chè Lipton.
チョ　トイ　チェ　リッ(プ)トン

Tôi hút　thuốc　được không?
トイ　フッ(ト)　テュオッ(ク)　ドゥオッ(ク)　ホン

Tôi muốn uống chè　Việt　Nam.
トイ　ムオン　ウオン　チェ　ヴィエッ(ト)　ナム　　※：「茶」trà〔南〕

Tôi muốn ăn phở.
トイ　ムオン　アン フォー

Xin mời.
シン　モイ

Mời anh dùng.
モイ　アイン　ズン

Nâng cốc! ／ Chạm cốc!
ナーン　コッ(ク)　　　チャム　コッ(ク)

Cụng ly!〔南〕
クン　リー

Chúc　sức khỏe!
チュッ(ク)　スッ(ク)　ホェ

Tôi muốn uống thử rượu Nếp mới.
トイ　ムオン　ウオン　トゥ　ジェウ　ネッ(プ)　モイ

① これをください。

② あれをください。

③ 色違いはありますか？

④ サイズ違いはありますか？

⑤ もっと大きいものはありますか？

⑥ いくらですか？

⑦ もっと安いものはありますか？

⑧ 安くしてもらえますか？

⑨ 見ているだけです。

⑩ いりません。

Tôi mua cái này. ／ Tôi lấy cái này.
トイ　ムア　カイ　ナイ　　　トイ　ライ　カイ　ナイ

Tôi mua cái kia. ／ Tôi lấy cái kia.
トイ　ムア　カイ　キア　　　トイ　ライ　カイ　キア

Có màu khác không?
コ　　マウ　ハッ(ク)　ホン

Có cỡ khác không?
コ　コー　ハッ(ク)　ホン

Có cái nào to hơn không?
コ　カイ　ナオ　ト　ホン　　ホン

Bao nhiêu tiền?
バオ　　ニエウ　ティエン

Có cái nào rẻ hơn không?
コ　カイ　ナオ　ゼ　ホン　　ホン

Có bớt giá được không?
コ　ボッ(ト)　ザー　ドゥオッ(ク)　ホン

Tôi chỉ xem thôi.
トイ　チ　セム　トイ

Không cần.
ホン　　カン

① 他のものを見せてください。

② 領収書をください。

③ おつりが違います。

④ もっと小さいものはありますか？

⑤ サンダルはありますか？

⑥ スカートはありますか？

⑦ これは何ですか？

⑧ どちらが安いですか？

⑨ どちらがいいですか？

⑩ 試着してもいいですか？

Cho tôi xem cái khác.
チョ　トイ　セム　カイ　ハッ(ク)

Cho tôi hóa đơn.
チョ　トイ　ホア　ドン

Tiền　trả　lại không đúng.
ティエン　チャー　ライ　ホン　ドゥン

※「おつり」tiền thối〔南〕

Có cái nào bé hơn không?
コ　カイ　ナオ　ベ　ホン　ホン

Có dép không?
コ　ゼッ(プ)　ホン

Có váy không?
コ　ヴァイ　ホン

Cái này là cái gì?　〔物〕
カイ　ナイ　ラ　カイ　ジ

Quả này là quả gì?　〔果物〕
クア　ナイ　ラ　クア　ジ

Cái nào rẻ hơn?
カイ　ナオ　ゼ　ホン

Cái nào tốt hơn?
カイ　ナオ　トッ(ト)　ホン

Tôi mặc　thử　được không?
トイ　マッ(ク)　トゥー　ドゥオッ(ク)　ホン

① 体調が悪いです。

② 熱があります。

③ 風邪をひきました。

④ 気分が悪いです。

⑤ ケガをしました。

⑥ やけどをしました。

⑦ 妊娠しています。

⑧ 吐き気がします。

⑨ 胃が痛いです。

⑩ 薬をください。

Tôi bị ốm.
トイ　ビ　オム

Tôi bị sốt.
トイ　ビ　ソッ(ト)

Tôi bị cảm rồi.
トイ　ビ　カム　ゾイ

Tôi thấy khó chịu.
トイ　テイ　ホ　チュー

Tôi bị thương.
トイ　ビ　トゥオン

Tôi bị bỏng.
トイ　ビ　ボン

Tôi có thai. ／ Tôi có bấu. 〔南〕
トイ　コ　タイ　　　　トイ　コ　バウ

Tôi buồn nôn. ／ Tôi muốn ói. 〔南〕
トイ　ブオン　ノン　　　トイ　ムオン　オイ

Tôi bị đau dạ dày.
トイ　ビ　ダオ　ザ　ザイ　　　　　　　※「胃」bao tử 〔南〕

Hãy cho tôi thuốc uống.
ハイー　チョ　トイ　テュオッ(ク)　ウオン

① クレジットカードをなくしました。

② パスポートをなくしました。

③ 泥棒！

④ 助けて！

⑤ 交番はどこですか？

⑥ 財布を盗まれました。

⑦ お金を盗まれました。

⑧ 火事だ！

⑨ 非常口はどこですか？

⑩ だまされた！

Tôi bị mất thẻ tín dụng.
トイ ビ マッ(ト) テー ティン ズン

Tôi bị mất hộ chiếu.
トイ ビ マッ(ト) ホ チエウ

Kẻ trộm! ／ Kẻ cướp!
ケー チョム　ケー クオッ(プ)

Cứu tôi với!
クーウ トイ ヴォイ

Đồn công an ở đâu?
ドン コン アン オー ダウ

Tôi bị mất cắp ví tiền.
トイ ビ マッ(ト) カッ(プ) ヴィ ティエン　　※「財布」bóp tiền〔南〕

Tôi bị mất cắp tiền mất.
トイ ビ マッ(ト) カッ(プ) ティエン マッ(ト)

Cháy nhà!
チャイ ニャー

Cửa ra khẩn cắp ở đâu?
クア ザ カン カッ(プ) オー ダウ

Tôi bị lừa đảo!
トイ ビ ルア ダオ

＜付録＞

基本単語

名前 <small>な まえ</small>	tên	テン
氏名 <small>し めい</small>	họ và tên	ホー ヴァー テン
年齢 <small>ねんれい</small>	tuổi	トゥオイ
住所 <small>じゅうしょ</small>	địa chỉ	ディア チー
国籍 <small>こくせき</small>	quốc tịch	クオッ(ク) ティッ(ク)
身長 <small>しんちょう</small>	chiều cao	チウ カオ
体重 <small>たいじゅう</small>	cân nặng	カン ナン
誕生日 <small>たんじょう び</small>	ngày sinh	ガイ シン
電話番号 <small>でん わ ばんごう</small>	số điện thoại	ソー ディン トァイ
口座番号 <small>こう ざ ばんごう</small>	số tài khoản	ソー タイ ホアン
メールアドレス	địa chỉ e-mail	ディア チー イー メイル

<ruby>父<rt>ちち</rt></ruby>	bố, ba〔南〕	ボー、バ
<ruby>母<rt>はは</rt></ruby>	mẹ, má〔南〕	メ、マ
<ruby>兄<rt>あに</rt></ruby>	anh trai	アイン　チャイ
<ruby>弟<rt>おとうと</rt></ruby>	em trai	エム　チャイ
<ruby>姉<rt>あね</rt></ruby>	chị gái	チ　ガーイ
<ruby>妹<rt>いもうと</rt></ruby>	em gái	エム　ガーイ
<ruby>夫<rt>おっと</rt></ruby>	chồng	チョン
<ruby>妻<rt>つま</rt></ruby>	vợ	ヴォ
<ruby>息子<rt>むすこ</rt></ruby>	con trai	コン　チャイ
<ruby>娘<rt>むすめ</rt></ruby>	con gái	コン　ガーイ
<ruby>両親<rt>りょうしん</rt></ruby>	bố mẹ	ボー　メ
<ruby>家族<rt>かぞく</rt></ruby>	gia đình	ザー　ディン

現金 げんきん	tiền mặt	ティエン　マッ(ト)
紙幣 しへい	tiền giấy	ティエン　ゼイ
おつり	tiền thừa tiền thối〔南〕	ティエン　トゥア ティエン　トーイ
領収書 りょうしゅうしょ	hóa đơn	ホア　ドン
外貨 がいか	ngoại tệ	ンゴアイ　テー
レート	tỷ giá ngoại tệ	ティー　ザー　ンゴアイ　テー
カード	thẻ	テー
税金 ぜいきん	tiền thuế	ティエン　トウエ
免税 めんぜい	miễn thuế	ミエン　トウエ
キャッシュカード	thẻ ngân hàng	テー　ンガン　ハン
クレジットカード	thẻ tín dụng	テー　ティン　ズン
日本円 にほんえん	tiền yên Nhật	ティエン　イエン　ニャッ(ト)

<ruby>無<rt>む</rt></ruby><ruby>料<rt>りょう</rt></ruby>	miễn phí	ミエン フィ
<ruby>有<rt>ゆう</rt></ruby><ruby>料<rt>りょう</rt></ruby>	phải trả tiền	ファイ チャ ティエン
<ruby>入<rt>にゅう</rt></ruby><ruby>門<rt>もん</rt></ruby><ruby>料<rt>りょう</rt></ruby>	tiền vào cửa	ティエン ヴァオ クア
<ruby>使<rt>し</rt></ruby><ruby>用<rt>よう</rt></ruby><ruby>料<rt>りょう</rt></ruby>	tiền sử dụng	ティエン ス ズン
サービス<ruby>料<rt>りょう</rt></ruby>	tiền dịch vụ	ティエン ズィッ(ク) ヴー
<ruby>給<rt>きゅう</rt></ruby><ruby>料<rt>りょう</rt></ruby>	tiền lương	ティエン ルオン
ボーナス	tiền thưởng	ティエン トゥオン
<ruby>生<rt>せい</rt></ruby><ruby>活<rt>かつ</rt></ruby><ruby>費<rt>ひ</rt></ruby>	tiền sinh hoạt	ティエン シン ホアッ(ト)
<ruby>借<rt>しゃっ</rt></ruby><ruby>金<rt>きん</rt></ruby>	tiền nợ	ティエン ノ
<ruby>小<rt>こ</rt></ruby><ruby>切<rt>ぎっ</rt></ruby><ruby>手<rt>て</rt></ruby>	séc	セッ(ク)
<ruby>契<rt>けい</rt></ruby><ruby>約<rt>やく</rt></ruby><ruby>書<rt>しょ</rt></ruby>	hợp đồng	ホッ(プ) ドン
サイン	ký tên	キー テン

店 <ruby>店<rt>みせ</rt></ruby>	cửa hàng	クア　ハン
<ruby>免税店<rt>めんぜいてん</rt></ruby>	cửa hàng miễn thuế	クア　ハン　ミン　トゥエ
<ruby>市場<rt>いちば</rt></ruby>	chợ	チョ
スーパー マーケット	siêu thị	シエウ　ティ
レストラン	nhà hàng	ニャ　ハン
<ruby>食堂<rt>しょくどう</rt></ruby>	phòng ăn, nhà ăn	フォン　アン、ニャ　アン
<ruby>喫茶店<rt>きっさてん</rt></ruby>	quán cà phê	クアン　カ　フェ
<ruby>菓子店<rt>かしてん</rt></ruby>	cửa hàng bánh kẹo	クア　ハン　バイン　ケオ
パン<ruby>屋<rt>や</rt></ruby>	cửa hàng bánh mỳ	クア　ハン　バイン　ミー
<ruby>書店<rt>しょてん</rt></ruby>	hiệu 〔nhà〕 sách	ヒウ　〔ニャ〕　サッ⁽ク⁾
<ruby>靴屋<rt>くつや</rt></ruby>	cửa hàng giầy	クア　ハン　ザイ
トイレ	phòng vệ sinh	フォン　ヴェ　シン
フォーの<ruby>店<rt>みせ</rt></ruby>	quán phở	クアン　フォー

※ cửa hàng 「店」は、南部で tiệm（ティエム）と言います。

<ruby>銀行<rt>ぎんこう</rt></ruby>	ngân hàng	ンガン　ハン
<ruby>郵便局<rt>ゆうびんきょく</rt></ruby>	bưu điện	ブウ　ディエン
<ruby>会社<rt>かいしゃ</rt></ruby>	công ty	コン　ティー
<ruby>工場<rt>こうじょう</rt></ruby>	nhà máy	ニャー　マイ
<ruby>学校<rt>がっこう</rt></ruby>	trường học	チョン　ホッ（ク）
<ruby>教会<rt>きょうかい</rt></ruby>	nhà thờ	ニャー　トー
<ruby>寺院<rt>じいん</rt></ruby>	chùa	チュア
<ruby>病院<rt>びょういん</rt></ruby>	bệnh viện	ベン　ヴィエン
<ruby>薬局<rt>やっきょく</rt></ruby>	hiệu thuốc	ヒウ　トゥオッ（ク）
<ruby>図書館<rt>としょかん</rt></ruby>	thư viện	トゥー　ヴィエン
<ruby>博物館<rt>はくぶつかん</rt></ruby>	bảo tàng	バオ　タン
<ruby>美術館<rt>びじゅつかん</rt></ruby>	bảo tàng mỹ thuật	バオ　タン　ミー　トゥアッ（ト）

<ruby>入<rt>いり</rt></ruby><ruby>口<rt>ぐち</rt></ruby>	cửa vào	クア　ヴァオ
<ruby>出<rt>で</rt></ruby><ruby>口<rt>ぐち</rt></ruby>	cửa ra	クア　ザ
<ruby>非<rt>ひ</rt></ruby><ruby>常<rt>じょう</rt></ruby><ruby>口<rt>ぐち</rt></ruby>	cửa ra khẩn cấp	クア　ザ　ハン　カッ(ブ)
トイレ	phòng vệ sinh	フォン　ヴェ　シン
<ruby>禁<rt>きん</rt></ruby><ruby>止<rt>し</rt></ruby>	cấm	カム
<ruby>禁<rt>きん</rt></ruby><ruby>煙<rt>えん</rt></ruby>	cấm hút thuốc	カム　フッ(ト)　トゥオッ(ク)
<ruby>立<rt>たち</rt></ruby><ruby>入<rt>いり</rt></ruby><ruby>禁<rt>きん</rt></ruby><ruby>止<rt>し</rt></ruby>	cấm vào	カム　ヴァオ
<ruby>駐<rt>ちゅう</rt></ruby><ruby>車<rt>しゃ</rt></ruby><ruby>禁<rt>きん</rt></ruby><ruby>止<rt>し</rt></ruby>	cấm đỗ xe cấm đậu xe〔南〕	カム　ドー　セ カム　ダウ　セ
<ruby>撮<rt>さつ</rt></ruby><ruby>影<rt>えい</rt></ruby><ruby>禁<rt>きん</rt></ruby><ruby>止<rt>し</rt></ruby>	cấm chụp ảnh	カム　チュッ(ブ)　アイン
<ruby>止<rt>と</rt></ruby>まれ	dừng lại	ズン　ライ
<ruby>危<rt>き</rt></ruby><ruby>険<rt>けん</rt></ruby>	nguy hiểm	グイ　ヒエム

映画 <ruby>映<rt>えい</rt></ruby><ruby>画<rt>が</rt></ruby>	phim	フィム
<ruby>読<rt>どく</rt></ruby><ruby>書<rt>しょ</rt></ruby>	đọc sách	ドッ　サッ(ク)
<ruby>音<rt>おん</rt></ruby><ruby>楽<rt>がく</rt></ruby>	âm nhạc	アム　ニャッ(ク)
<ruby>歌<rt>うた</rt></ruby>	bài hát	バイ　ハッ(ト)
<ruby>絵<rt>え</rt></ruby>	bức tranh	ブッ(ク)　チャイン
<ruby>劇<rt>げき</rt></ruby>	kịch	キッ(ク)
<ruby>劇<rt>げき</rt></ruby><ruby>場<rt>じょう</rt></ruby>	nhà hát kịch	ニャー　ハッ(ト)　キッ(ク)
コンサート	buổi hòa nhạc	ブオイ　ホア　ニャッ(ク)
<ruby>公<rt>こう</rt></ruby><ruby>園<rt>えん</rt></ruby>	công viên	コン　ヴィン
<ruby>遊<rt>ゆう</rt></ruby><ruby>園<rt>えん</rt></ruby><ruby>地<rt>ち</rt></ruby>	khu vui chơi	フー　ヴィ　チョイ

高<ruby>高<rt>たか</rt></ruby>い	đắt	ダッ(ト)
安<ruby>安<rt>やす</rt></ruby>い	rẻ	ゼー
良<ruby>良<rt>よ</rt></ruby>い	tốt	トッ(ト)
悪<ruby>悪<rt>わる</rt></ruby>い	xấu	サウ
新<ruby>新<rt>あたら</rt></ruby>しい	mới	モイ
古<ruby>古<rt>ふる</rt></ruby>い	cũ	クー
派手<ruby>派手<rt>はで</rt></ruby>な	lòe loẹt sặc sỡ〔南〕	ロエ　ロエッ(ト) サッ(ク)　ソー
地味<ruby>地味<rt>じみ</rt></ruby>な	trang nhã	チャン　ニャー
おしゃれな	diện	ジェン
ベトナム製<ruby>製<rt>せい</rt></ruby>	hàng Việt Nam	ハン　ヴィエッ(ト)　ナム
外国製<ruby>外国製<rt>がいこくせい</rt></ruby>	hàng ngoại	ハン　ンゴアイ
日本製<ruby>日本製<rt>にほんせい</rt></ruby>	hàng Nhật	ハン　ニャッ(ト)

トラブル	rắc rối	ザッ(ク) ゾイ
火事	cháy	チャイ
事故	tai nạn	タイ ナン
事件	vụ án	ヴ アン
紛失	mất thất lạc	マッ(ト) タッ(ト) ラッ(ク)
忘れ物	đồ bỏ quên đồ để quên	ド ボ クエン ド デ クエン
盗難	mất cắp	マッ(ト) カッ(プ)
スリ	móc túi	モッ(ク) トウイ
ひったくり	cướp giật	クオッ(プ) ザッ(ト)
泥棒	kẻ cắp kẻ cướp	ケー カッ(プ) ケー クオッ(プ)
詐欺	lừa đảo	ルア ダオ
停電	mất điện cúp điện〔南〕	マッ(ト) ディエン クッ(プ) ディエン
漏電	hở điện	ホー ディエン
爆発	nổ	ノー

えき 駅	ga	ガー
かいさつぐち 改札口	cửa soát vé	クア　ソアッ(ト)　ヴェ
せき 席	ghế	ゲー
ざせき 座席	chỗ ngồi	チョー　ンゴイ
じゆうせき 自由席	ghế ngồi tự do	ゲー　ンゴイ　トゥ　ゾ
きんえんせき 禁煙席	ghế cấm hút thuốc lá	ゲー　カム　フッ(ト)　トゥッ(ク)　ラー
かたみちきっぷ 片道切符	vé một chiều	ヴェー　モッ(ト)　チウ
おうふくきっぷ 往復切符	vé khứ hồi	ヴェー　フー　ホイ
とうちゃくじこく 到着時刻	giờ đến	ゾー　デン
はっしゃじこく 発車時刻	giờ xuất phát	ゾー　スアッ(ト)　ファッ(ト)

地下鉄 (ちかてつ)	xe điện ngầm	セ ディエン ンガム
列車、汽車 (れっしゃ、きしゃ)	tàu hỏa	タウ ホア
バス	xe buýt	セ ブイッ(ト)
タクシー	taxi	タクシー
シクロ	xích lô	シッ(ク) ロー
レンタカー	xe cho thuê	セ チョー トエ
自動車 (じどうしゃ)	xe ô tô xe hơi〔南〕	セ オー トー セ ホイ
自転車 (じてんしゃ)	xe đạp	セ ダッ(プ)
オートバイ	xe máy	セ マイ
フェリー	phà	ファー

電話 でん わ	điện thoại	ディェン　トアイ
スマートフォン	điện thoại thông minh	ディェン　トアイ　トン　ミン
携帯電話 けいたいでん わ	điện thoại di động	ディエン　トアイ　ジ　ドン
公衆電話 こうしゅうでん わ	điện thoại công cộng	ディエン　トアイ　コン　コン
国際電話 こくさいでん わ	điện thoại quốc tế	ディエン　トアイ　クオッ(ク)　テー
電話番号 でん わ ばんごう	số điện thoại	ソー　ディン　トアイ
電話する でん わ	gọi điện	ゴイ　ディエン
郵送する ゆうそう	gửi bằng bưu điện	グイ　バン　ブウ　ディェン
はがき	bưu thiếp	ブウ　ティェッ(プ)
手紙 て がみ	thư	トゥー
封筒 ふうとう	phong bì	フォン　ビー
切手 きっ て	tem	テム

空港 （くうこう）	sân bay	サン　バイ
入国 （にゅうこく）	nhập cảnh	ニャッ(プ)　カイン
出国 （しゅっこく）	xuất cảnh	スアッ(ト)　カイン
パスポート	hộ chiếu	ホ　チエウ
入国カード （にゅうこく）	phiếu nhập cảnh	フィエウ　ニャッ(プ)　カイン
出国カード （しゅっこく）	phiếu xuất cảnh	フィエウ　スアッ(ト)　カイン
飛行機 （ひこうき）	máy bay	メイ　バイ
国際線 （こくさいせん）	đường bay quốc tế	ドゥン　バイ　クオッ(ク)　テー
国内線 （こくないせん）	đường bay trong nước	ドゥン　バイ　チョン　ヌオッ(ク)
航空券 （こうくうけん）	vé máy bay	ヴェ　メイ　バイ
旅券番号 （りょけんばんごう）	số hộ chiếu	ソー　ホー　チウ
座席番号 （ざせきばんごう）	số ghế	ソー　ゲー

化粧品 けしょうひん	mỹ phẩm	ミー　ファム
香水 こうすい	nước hoa dầu thơm〔南〕	ヌオッ⁽ク⁾　ホア ザウ　ドム
口紅 くちべに	son	ソン
アクセサリー	đồ trang sức	ドー　チャン　スッ⁽ク⁾
ネックレス	dây chuyển	ザイ　チュイエン
イアリング	hoa tai bông tai〔南〕	ホア　ターイ ボン　ターイ
ブレスレット	vòng đeo tay lắc〔南〕	ヴァン　デオ　タイ ラッ⁽ク⁾
指輪 ゆびわ	nhẫn	ニャン
プラチナ	bạch kim	バッ⁽ク⁾　キム
ダイアモンド	kim cương hạt xoàn〔南〕	キム　クオン ハッ⁽ト⁾　ソアン
金 きん	vàng	ヴァン
銀 ぎん	bạc	バッ⁽ク⁾

身分証明書	thẻ công dân chứng minh thư	テー　コン　ザン チュン　ミン　トゥー
カバン	túi	トゥイ
ハンドバッグ	túi xách	トゥイ　サッ(ク)
財布	ví, bóp 〔南〕	ヴィー、ボッ(プ)
腕時計	đồng hồ đeo tay	ドン　ホ　デオ　タイ
メガネ	kính, kiếng 〔南〕	キン、キエン
傘	ô, dù 〔南〕	オ、ズゥ
本	sách	サッ(ク)
雑誌	tạp chí	タッ(プ)　チー
新聞	báo	バオ
ペン	bút, viết 〔南〕	ブッ(ト)、ヴィエッ(ト)

服、上着	áo	アオ
ジャケット	áo khoác	アオ　ホアッ(ク)
シャツ	áo sơ mi	アオ　ソー　ミー
長袖シャツ	áo dài tay	アオ　ザイ　タイ
半袖シャツ	áo cộc tay áo ngắn tay〔南〕	アオ　コッ(ク)　タイ アオ　ンガン　タイ
Tシャツ	áo phông áo thun〔南〕	アオ　フォン アオ　トゥン
ブラウス	áo	アオ
アオザイ	áo dài	アオ　ザイ
ワンピース	váy đầm〔南〕	ヴァイ ダーム
ズボン	quần	クアン

ネクタイ	ca vát cà vạt〔南〕	カ　ヴァッ(ト) カ　ヴァッ(ト)
タイピン	ghim ca vát	ギム　カ　ヴァッ(ト)
ベルト	thắt lưng	タッ(ト)　ルン
帽子	mũ nón〔南〕	ムー ノン
ハンカチ	khăn tay	ハン　タイ
スカーフ	khăn quàng	ハン　クアン
靴	giầy	ゼイ
靴下	tất vớ〔南〕	タッ(ト) ヴォ
下着	quần áo lót	クアン　アオ　ロッ(ト)
パンツ	quần lót	クアン　ロッ(ト)
パジャマ	quần áo ngủ đồ ngủ〔南〕	クアン　アオ　グー ド　グー

サイズ	khổ, size, cỡ	ホー、サイズ、コー
大^{おお}きい	to, bự〔南〕	トー、ブー
小^{ちい}さい	bé, nhỏ〔南〕	ベー、ニョー
長^{なが}い	dài	ザイ
短^{みじか}い	ngắn	ンガン
きつい	chật	チャッ(ト)
ゆったりした	rộng	ゾン
柄^{がら}	hoa văn	ホア　ヴァン
刺繍^{ししゅう}	hàng thêu	ハン　テウ
デザイン	thiết kế	ティエッ(ト)　ケー
プリント	in	イン
イラスト	vẽ	ヴェー

色 (いろ)	màu	マウ
白 (しろ)	trắng	チャン
黒 (くろ)	đen	デン
赤 (あか)	đỏ	ドー
青 (あお)	xanh	サイン
黄 (き)	vàng	ヴァン
緑 (みどり)	xanh lá cây	サイン ラー カイ
茶 (ちゃ)	nâu	ナウ
オレンジ	da cam	ザ カム
ピンク	hồng	ホン
グレー	xám	サーム
ベージュ	ghi	ギー

フォー	phở	フォー
ごはん	cơm	コム
チャーハン	cơm rang cơm chiên〔南〕	コム　ザン コム　チエン
米 <small>こめ</small>	gạo	ガオ
パン	bánh mì	バイン　ミー
めん〔小麦粉〕 <small>こむぎこ</small>	mì	ミー
ビーフン〔米〕 <small>こめ</small>	bún	ブン
卵 <small>たまご</small>	trứng	チュン
目玉焼き <small>めだまや</small>	trứng ốp la	チュン　オッ(プ)　ラ
お好み焼き <small>このや</small>	bánh xèo	バイン　セオ
スパゲッティー	mì Ý	ミー　イー
ステーキ	bít tết	ビッ(ト)　テッ(ト)

22 料理（2）

肉（にく）	thịt	ティッ(ト)
牛肉（ぎゅうにく）	thịt bò	ティッ(ト)　ボー
豚肉（ぶたにく）	thịt lợn thịt heo〔南〕	ティッ(ト)　ロン ティッ(ト)　ヘオ
鶏肉（とりにく）	thịt gà	ティッ(ト)　ガ
魚（さかな）	cá	カー
エビ	tôm	トム
カニ	cua	クア
イカ	mực	ムッ(ク)
野菜（やさい）	rau	ザウ
トマト	cà chua	カー　チュア
じゃがいも	khoai tây	ホアイ　タイ
なす	cà tím	カー　ティム

23 デザート、菓子

デザート	món tráng miệng	モン　チャン　ミエン
アイスクリーム	kem	ケーム
ココナッツアイス	kem dừa	ケーム　ズア
プリン	bánh caramen bánh flan〔南〕	バイン　カラメン バイン　フラン
ヨーグルト	sữa chua	スア　チュア
サラダ	nộm gỏi〔南〕	ノム ゴイ
菓子	bánh kẹo	バイン　ケオ
ケーキ	bánh ngọt	バイン　ゴッ(ト)
クッキー	bánh quy	バイン　クイ
あめ	kẹo	ケオ
ガム	kẹo cao su	ケオ　カオ　ス

果物 （くだもの）	hoa quả trái cây〔南〕	ホア　クア チャイ　カイ
いちご	dâu tây	ザウ　タイ
りんご	táo	タオ
オレンジ	cam	カム
ココナッツ	dừa	ズア
グァバ	ổi	オイ
パパイヤ	đu đủ	ドゥー　ドゥー
ライチ	vải	ヴァイ
龍眼（ロンガン）	nhãn	ニャン
ミルクフルーツ	vú sữa	ヴー　スア
ドラゴンフルーツ	thanh long	タイン　ロン
ドリアン	sầu riêng	サウ　ジェン

飲み物	nước uống	ヌオッ(ク) ウオン
水	nước	ヌオッ(ク)
ミネラルウォーター	nước suối	ヌオッ(ク) スオイ
茶	nước chè trà〔南〕	ヌオッ(ク) チェー チャー
中国茶	trà Trung Quốc	チャー チュン クオッ
ベトナム茶	trà Việt Nam	チャー ヴィエッ(ト) ナム
ミルク、牛乳	sữa	スア
コーヒー	cà phê	カ フェ
アイスコーヒー	cà phê đá	カ フェ ダー
ホットコーヒー	cà phê nóng	カ フェ ノン
ミルクコーヒー	cà phê sữa	カ フェ スア
ブラックコーヒー	cà phê đen	カ フェ デン

ジュース	nước hoa quả	ヌオッ⁽ク⁾　ホア　クア
オレンジジュース	nước cam	ヌオッ⁽ク⁾　カム
レモンジュース	nước chanh	ヌオッ⁽ク⁾　チャイン
マンゴージュース	nước xoài	ヌオッ⁽ク⁾　ソアイ
ココナッツジュース	nước dừa	ヌオッ⁽ク⁾　ズア
さとうきびジュース	nước mía	ヌオッ⁽ク⁾　ミア
スープ	súp	スッ⁽プ⁾
お湯	nước nóng	ヌオッ⁽ク⁾　ノン
お冷や	nước lạnh	ヌオッ⁽ク⁾　ライン
氷	đá	ダー

酒（さけ）	rượu	ズィウ
ウイスキー	whiskey	ウイスキー
ブランデー	rượu mạnh	ズィウ　マイン
ワイン	rượu vang	ズィウ　ヴァン
赤（あか）ワイン	vang đỏ	ヴァン　ドー
白（しろ）ワイン	vang trắng	ヴァン　チャン
カクテル	cốc tai	コッ（ク）　タイ
ビール	bia	ビア
ハノイビール	bia Hà Nội	ビア　ハ　ノイ
サイゴンビール	bia Sài Gòn	ビア　サイ　ゴン
333 ビール	bia 333 （ba ba ba）	ビア　バーバーバー
缶（かん）ビール	bia lon	ビア　ロン
瓶（びん）ビール	bia chai	ビア　チャイ

スプーン	thìa muỗng〔南〕	ティア ムォン
ナイフ	dao	ザオ
フォーク	nĩa	ニィア
はし	đũa	ドゥア
皿_{さら}	đĩa diã〔南〕	ディア ズィア
茶碗_{ちゃわん}	bát chén〔南〕	バッ(ト) チェン
コップ	cốc ly〔南〕	コッ(ク) リー
塩_{しお}	muối	ムオイ
砂糖_{さとう}	đường	ドゥオン
バター	bơ	ボー
酢_す	dấm	ザム
油_{あぶら}	dầu ăn	ザウ　アン

ホテル	khách sạn	ハッ（ク） サン
フロント	lễ tân	レー タン
チェックイン	nhận phòng	ニャン フォン
チェックアウト	trả phòng	チャー フォン
カギ〔持つカギ〕	chìa khóa	チア ホア
カギ〔ドアのカギ〕	ổ khóa	オー ホア
貴重品	đồ quý	ドー クイ
シングルルーム	phòng đơn	フォン ドン
ダブルルーム	phòng đôi	フォン ドイ
暖房	máy sưởi	マイ スオイ
冷房	máy điều hòa máy lạnh〔南〕	マイ ディウ ホア マイ レイン
電気	điện	ディェン

しんしつ 寝室	phòng ngủ	フォン　ングウ
ベッド	giường	ズオン
まくら 枕	gối	ゴイ
もうふ 毛布	chăn len	チャン　レン
ふとん	chăn	チャン
せんめんだい 洗面台	bồn rửa mặt	ボン　ズア　マッ(ト)
ふろば 風呂場	phòng tắm	フォン　タム
かがみ 鏡	gương	グオン
せっ 石けん	xà phòng	サー　フォン
タオル	khăn mặt	ハン　マッ(ト)
バスタオル	khăn tắm	ハン　タム
トイレットペーパー	giấy vệ sinh	ザイ　ヴェ　シン

部屋 (へや)	phòng	フォン
テーブル、机 (つくえ)	bàn	バン
テレビ	tivi	ティーヴィー
電話 (でんわ)	điện thoại	ディエン トアイ
置時計 (おきどけい)	đồng hồ để bàn	ドン ホー デー バン
ソファー	ghế sa-lon	ゲー サロン
いす	ghế	ゲー
タンス	tủ quần áo	トゥー クアン アオ
窓 (まど)	cửa sổ	クア ソー
カーテン	rèm	ゼム
ゴミ	rác	ザッ(ク)
ゴミ箱 (ばこ)	thùng rác	トゥン ザッ(ク)

台所 (だいどころ)	bếp	ベッ (プ)
冷蔵庫 (れいぞうこ)	tủ lạnh	トゥー　ライン
電気 (でんき)	điện	ディエン
ガス	ga	ガ
水道 (すいどう)	vòi nước	ヴォイ　ヌオッ (ク)
水道水 (すいどうすい)	nước máy	ヌオッ (ク)　マイ
ドア	cửa	クア
1階 (かい)	tầng một tầng trệt〔南〕	タン　モッ (ト) タン　チェッ (ト)
2階 (かい)	tầng hai lầu một〔南〕	タン　ハイ ラウ　モッ (ト)
スイッチ	công tắc điện	コン　タッ (ク)　ディン

病院 <ruby>病<rt>びょう</rt></ruby><ruby>院<rt>いん</rt></ruby>	bệnh viện	ベン　ヴィエン
<ruby>医<rt>い</rt></ruby><ruby>者<rt>しゃ</rt></ruby>	bác sĩ	バッ(ク)　シー
<ruby>看<rt>かん</rt></ruby><ruby>護<rt>ご</rt></ruby><ruby>士<rt>し</rt></ruby>	y tá	イー　ター
<ruby>検<rt>けん</rt></ruby><ruby>査<rt>さ</rt></ruby>	xét nghiệm	セッ(ト)　ンギエム
<ruby>手<rt>しゅ</rt></ruby><ruby>術<rt>じゅつ</rt></ruby>	phẫu thuật mổ〔南〕	ファウ　トゥアッ(ト) モ
<ruby>薬<rt>くすり</rt></ruby>	thuốc	トゥオッ(ク)
<ruby>食<rt>しょく</rt></ruby><ruby>前<rt>ぜん</rt></ruby>	trước bữa ăn	チュッ(ク)　ブア　アン
<ruby>食<rt>しょく</rt></ruby><ruby>後<rt>ご</rt></ruby>	sau bữa ăn	サウ　ブア　アン
<ruby>風<rt>か</rt></ruby><ruby>邪<rt>ぜ</rt></ruby><ruby>薬<rt>ぐすり</rt></ruby>	thuốc cảm	トゥオッ(ク)　カム
<ruby>胃<rt>い</rt></ruby><ruby>腸<rt>ちょう</rt></ruby><ruby>薬<rt>やく</rt></ruby>	thuốc đau bụng	トゥオッ(ク)　ダオ　ブン
<ruby>胃<rt>い</rt></ruby><ruby>薬<rt>ぐすり</rt></ruby>	thuốc dạ dày	トゥオッ(ク)　ザー　ザイ
<ruby>解<rt>げ</rt></ruby><ruby>熱<rt>ねつ</rt></ruby><ruby>剤<rt>ざい</rt></ruby>	thuốc giảm sốt	トゥオッ(ク)　ザム　ソッ(ト)
<ruby>鎮<rt>ちん</rt></ruby><ruby>痛<rt>つう</rt></ruby><ruby>剤<rt>ざい</rt></ruby>	thuốc giảm đau	トゥオッ(ク)　ザム　ダウ

病気 びょうき	ốm bệnh〔南〕	オム ベン
けが	bị thương	ビー トゥーン
熱 ねつ	sốt	ソッ(ト)
風邪 か ぜ	cảm	カム
頭痛 ず つう	nhức đầu đau đầu〔南〕	ヌッ(ク) ダウ ダウ ダウ
腹痛 ふくつう	đau bụng	ダウ ブン
発疹 ほっしん	phát ban	ファッ(ト) バン
肺炎 はいえん	viêm phổi	ヴィエム フォーイ
肝炎 かんえん	viêm gan	ヴィエム ガン
マラリア	sốt rét	ソッ(ト) ゼッ(ト)
やけど	bỏng	ボン
血 ち	máu	マウ
便秘 べん ぴ	táo bón	タオ ボン
下痢 げ り	tiêu chảy	ティウ チャイ

頭 (あたま)	đầu	ダウ
首 (くび)	cổ	コー
のど	họng	ホン
肩 (かた)	vai	ヴァイ
背 (せ)	lưng	ルン
胸 (むね)	ngực	グッ(ク)
おなか	bụng	ブン
腰 (こし)	thắt lưng	タッ(ト)　ルン
腕 (うで)	cánh tay	カイン　タイ
手 (て)	bàn tay	バン　タイ
脚 (あし)、もも	đùi	ドゥイ
足 (あし)	chân	チャン

顔 （かお）	mặt	マッ(ト)
目 （め）	mắt	マッ(ト)
耳 （みみ）	tai	ターイ
鼻 （はな）	mũi	ムーイ
口 （くち）	mồm miệng〔南〕	モム ミエン
歯 （は）	răng	ザン
胃 （い）	dạ dày bao tử〔南〕	ザ ザイ バオ トゥ
腸 （ちょう）	ruột	ズォッ(ト)
心臓 （しんぞう）	tim	ティム
肝臓 （かんぞう）	gan	ガン
腎臓 （じんぞう）	thận	タン
ぼうこう	bàng quang	バン クアン

海 <small>うみ</small>	biển	ビエン
山 <small>やま</small>	núi	ヌイ
川 <small>かわ</small>	sông	ソン
太陽 <small>たいよう</small>	mặt trời	マッ(ト)　チョイ
月 <small>つき</small>	mặt trăng	マッ(ト)　チャン
空 <small>そら</small>	bầu trời	バウ　チョイ
雨 <small>あめ</small>	mưa	ムア
雷 <small>かみなり</small>	sấm sét	サム　セッ(ト)
風 <small>かぜ</small>	gió	ゾー
台風 <small>たいふう</small>	bão	バーオ
洪水 <small>こうずい</small>	lụt	ルッ(ト)
地震 <small>じしん</small>	động đất	ドン　ダッ(ト)

愛する	yêu	イェウ
会う	gặp	ガッ(プ)
与える、あげる	cho	チョ
ある、いる	có	コ
言う、話す	nói	ノーイ
行く、向かう	đi	ディ
売る	bán	バン
運転する	lái	ライ
思う	nghĩ	ンギ
泳ぐ	bơi	ポイ
買う	mua	ムア
帰る	về	ヴェ
借りる	mượn	ムオン

着る <ruby>着<rt>き</rt></ruby>る	mặc	マッ(ク)
<ruby>交換<rt>こうかん</rt></ruby>する	đổi	ドイ
<ruby>探<rt>さが</rt></ruby>す	tìm	ティム
<ruby>撮影<rt>さつえい</rt></ruby>する、<ruby>撮<rt>と</rt></ruby>る	chụp	チュッ(プ)
<ruby>触<rt>さわ</rt></ruby>る	sờ	ソー
<ruby>知<rt>し</rt></ruby>っている	biết	ピエッ(ト)
<ruby>心配<rt>しんぱい</rt></ruby>する	lo	ロ
<ruby>吸<rt>す</rt></ruby>う	hút	フッ(ト)
<ruby>捨<rt>す</rt></ruby>てる	vứt	ヴッ(ト)
<ruby>住<rt>す</rt></ruby>む、<ruby>生<rt>い</rt></ruby>きる	sống	ソン
（スポーツを）する、<ruby>遊<rt>あそ</rt></ruby>ぶ	chơi	チョイ
<ruby>座<rt>すわ</rt></ruby>る	ngồi	ンゴイ
<ruby>食<rt>た</rt></ruby>べる	ăn	アン

使<ruby>使<rt>つか</rt></ruby>う	dùng	ズン
<ruby>着<rt>つ</rt></ruby>く、<ruby>来<rt>く</rt></ruby>る	đến	デン
<ruby>飲<rt>の</rt></ruby>む	uống	ウオン
<ruby>入<rt>はい</rt></ruby>る	vào	ヴァオ
<ruby>働<rt>はたら</rt></ruby>く、する	làm	ラム
<ruby>勉強<rt>べんきょう</rt></ruby>する	học	ホッ(ク)
<ruby>待<rt>ま</rt></ruby>つ	đợi	ドイ
<ruby>観<rt>み</rt></ruby>る、<ruby>見<rt>み</rt></ruby>る	xem	セム
<ruby>召<rt>め</rt></ruby>し<ruby>上<rt>あ</rt></ruby>がる	dùng	ズン
<ruby>持<rt>も</rt></ruby>つ、<ruby>所有<rt>しょゆう</rt></ruby>する	có	コ
<ruby>呼<rt>よ</rt></ruby>ぶ、（<ruby>電話<rt>でんわ</rt></ruby>を）かける	gọi	ゴイ
<ruby>読<rt>よ</rt></ruby>む	đọc	ドッ(ク)
<ruby>予約<rt>よやく</rt></ruby>する	đặt	ダッ(ト)

著者
欧米・アジア語学センター

1994 年設立。40 ヶ国語（200 人）のネイティブ講師を擁し、語学教育を展開。独自のメソッドによる「使える外国語」の短期修得プログラムを提供している。その他に、企業向け外国語講師派遣、通訳派遣、翻訳、留学相談、通信教育、オンラインレッスン。

http://www.fij.tokyo/

主な著書：『新版 CD BOOK はじめてのベトナム語』『CD BOOK はじめてのインドネシア語』『CD BOOK はじめてのフィリピン語』『CD BOOK はじめてのマレーシア語』『CD BOOK たったの 72 パターンでこんなに話せるベトナム語会話』『CD BOOK たったの 72 パターンでこんなに話せるタイ語会話』『CD BOOK ベトナム語会話フレーズブック』（以上、明日香出版社）、『中国語会話すぐに使える短いフレーズ』（高橋書店）他

〈執筆および録音〉
寺戸ホア
ホーチミン市銀行大学経済学科卒業。慶應義塾大学非常勤講師。日本外国語専門学校非常勤講師。日本の商社・航空会社・自動車メーカー、司法機関などでベトナム語研修を担当。

CD BOOK ベトナム語が 1 週間でいとも簡単に話せるようになる本

2020 年 7 月 15 日 初版発行
2023 年 7 月 12 日 第 7 刷発行

著者	欧米・アジア語学センター
発行者	石野栄一
発行	明日香出版社
	〒 112-0005 東京都文京区水道 2-11-5
	電話 03-5395-7650
	https://www.asuka-g.co.jp
印刷	美研プリンティング株式会社
製本	根本製本株式会社

CD BOOK たったの72パターンで こんなに話せる中国語会話

趙 怡華

「～はどう？」「～だといいね」など、決まった基本パターンを使い回せば、中国語で言いたいことが言えるようになります！ 好評既刊の『72パターン』シリーズの基本文型をいかして、いろいろな会話表現が学べます。

本体価格 1800 円＋税　B6 変型　〈216 ページ〉　2011/03 発行　978-4-7569-1448-4

CD BOOK たったの72パターンで こんなに話せるベトナム語会話

欧米・アジア語学センター

日常会話でよく使われる基本的なパターン（文型）を使い回せば、ベトナム語で言いたいことが言えるようになります！ まず基本パターン（文型）を理解し、あとは単語を入れ替えれば、いろいろな表現を使えるようになります。

本体価格 1800 円＋税　B6 変型　〈224 ページ〉　2018/04 発行　978-4-7569-1961-8

CD BOOK たったの72パターンで こんなに話せるポルトガル語会話

浜岡 究

「～はどう？」「～だといいね」など、決まったパターンを使いまわせば、ポルトガル語は誰でも必ず話せるようになる！ これでもうフレーズ丸暗記の必要ナシ。言いたいことが何でも言えるようになります。

本体価格 1800 円＋税　B6 変型　〈224 ページ〉　2013/04 発行　978-4-7569-1620-4